LA VIDA DE SANTA MÓNICA

Modelo de Madres Cristianas

Por

FRANCES ALICE FORBES

TRADUCCIÓN DEL INGLÉS AL ESPAÑOL

POR

REY D. GARCÍA

EDICIÓN

POR

ROSE ANETTE BRICEÑO TORRES

LICENCIADA EN LENGUA Y LITERATURA ESPAÑOLA

PINTURA ORIGINAL DE CUBIERTA

SANTA MÓNICA Y SAN AGUSTÍN

POR

ARY SCHEFFER

(1795 –1858)

EDICION DE IMAGEN

POR

HARDIK MECKWAN

PRO WEB DESIGNER AND GRAPHIC DESIGNER

HTTPS://WWW.HARDIKMECKWAN.COM

ISBN: 9781980621478
IMPRINT: INDEPENDENTLY PUBLISHED

PUBLICADO EN MARZO DEL 2018

TODOS LOS DERECHOS RESERVADOS.

PARA MÁS INFORMACIÓN:
PROJECTOCULTURAYEVANGELIO@GMAIL.COM

CONTENIDO

INTRODUCCIÓN DE LA AUTORA

Este libro es, por encima de todo, la historia de una madre. Pero también es la historia de una noble mujer, una mujer que fue realmente grandiosa, justamente porque ella nunca trató de ser así. Porque ella entendió la esfera en la que el trabajo de una mujer en el mundo generalmente debe consistir y verdaderamente dirigió su vida según las líneas que Dios le había tendido; porque sufrió valientemente, se olvidó de sí misma por otros y se mantuvo fiel a sus nobles ideales, ella gobernó como una reina entre aquellos con quienes le tocó vivir. Su influencia fue muy grande y de un gran alcance, pero ella misma fue la última en sospecharlo, la última en desearlo, y ese fue quizás el secreto de su grandeza.

Este tipo de mujer es raro hoy en día, pero, ¡gracias a Dios! aún hay Mónicas todavía en el mundo. Si hubiera más, el mundo sería un lugar mejor.

CAPÍTULO I

CÓMO SANTA MÓNICA FUE CRIADA POR PADRES CRISTIANOS EN LA CIUDAD DE TAGASTE

En la soleada costa del norte de África, en el país ahora llamada Argelia se puso de pie, en los primeros días del cristianismo, una ciudad llamada Tagaste. No muy lejos estaba el campo de Zarna, donde la gloria de Hannibal había perecido para siempre. Pero Roma hacía tiempo que había vengado los sufrimientos de su amarga lucha con Cartago.

Fue la ambición del África romana, como la nueva colonia que había sido llamada por sus conquistadores, y su deseo para esta era, ser si era posible, más romana que la misma Roma. Cada pueblo tenía sus baños, su teatro, su circo, sus templos y sus acueductos.

Fue prohibido incluso a los exiliados como un lugar de refugio: "demasiado parecido al hogar", dijeron las autoridades.

Era más o menos a mediados del siglo IV. La Iglesia estaba llegando desde su largo encarcelamiento a la luz del día. El sucesor de Constantino, en nombre de un cristiano, se sentó en el trono imperial. La vieja lucha con el paganismo, que había durado cuatrocientos años, casi había llegado a su fin, pero nuevos peligros asaltaron el mundo cristiano.

Los hombres habían descubierto que era más fácil torcer la verdad que negarla y la herejía y el cisma estaban en los alrededores.

En el atrio o patio exterior de una villa, en las afueras de Tagaste, una anciana y una niña se sentaron juntas mirando hacia la oscuridad sombras de la noche, porque el ardiente sol africano no se había hundido desde detrás de las Montañas de Numidian, y el día había salido como una lámpara.

— ¿Y el santo Obispo Cipriano? —preguntó la niña.

—Lo enviaron al exilio—, dijo la anciana —porque su padre había sido un senador, y su familia era muy conocida y poderosa. En este tiempo no se atrevieron a matarlo, aunque luego él derramó su sangre por Cristo. Fue la voluntad de Dios que él permaneciera por muchos años para fortalecer su rebaño en las pruebas.

—¿Alguna vez lo viste, abuela? —preguntó la niña.

—No—, dijo la anciana, —era antes de mi tiempo, pero mi madre lo conocía bien. Fue cuando él era un niño en Cartago y todavía un pagano que las santas mártires Perpetua y Felicita sufrieron con sus compañeros. No fue hasta años después de que se convirtió en cristiano, pero puede haber sido la muerte de estos mártires que sembró la primera semilla en su corazón.

—Dime—, dijo la niña suavemente.

Era un cuento frecuente que ella nunca se cansaba de escuchar. Su abuela había vivido esos días oscuros de persecución y fue el deleite de la infancia de Mónica escucharla contar las historias de aquellos que han sido testigos de la fe en su propia tierra de África.

—Perpetua no era mucho mayor que tú—, dijo la anciana. —Ella era de noble raza y nacido de una madre cristiana, aunque su padre era un pagano. Estaba casada y tenía una bebé de pocos meses. Cuando fue llamada ante el tribunal de Hilarion, el gobernador romano, todos fueron tocados por su juventud y belleza. "Sacrificar a la dioses", dijeron, "y se irán libres". "Soy cristiana" respondió ella, y aun presionándole como podían, ella no dijo nada más. Su viejo padre se apresuró a su lado con la bebé, y la puso en sus brazos. "¿Vas a dejar a esta bebé sin madre?" le preguntó, "¿y traer hasta la tumba los pelos de tu viejo padre con dolor?".

"¡Ten piedad de la niña!" gritaron los transeúntes —continuó relatando la anciana—. "¡Ten piedad de tu padre!" Perpetua abrazó a su bebé contra su pecho, y sus ojos se llenaron de lágrimas. Creyeron que ella había cedido, y le trajeron el incienso. "Solo un pequeño grano en el brasero", dijeron, "y tú eres libre, por el bien de la niña y el de tu padre". Ella lo empujó. "Soy cristiana", dijo. "Dios guardará mi niña." Ella fue condenada con sus compañeros para ser arrojada a las salvajes bestias en el anfiteatro, y fueron llevados y echados en una mazmorra oscura. Todos los días fueron tentados con promesas de libertad para renunciar a la Verdad.

El pequeño bebé de Felicita nació en la prisión donde yacían esperando la muerte. Una mujer cristiana tomó el bebé para iniciarlo en la fe. La joven madre nunca vio la cara de su hijo en este mundo.

Era solo una palabra, un pequeño movimiento de la mano, y eran libres, restaurados nuevamente a su vida feliz de antaño y las casas que les eran tan queridas. Hubo muchos, en esos días crueles que no tenían valor para la pelea, que se sacrificaron, y siguieron su camino. No fue así con estas débiles mujeres.

—Una última vez más trajeron a Perpetua su hijita para intentar remover su constancia —contó la anciana. La prisión era como un palacio, dijo, mientras la pequeña cabeza de la bebe yacía sobre su pecho. Su padre lloró e incluso la golpeó en su dolor y enojo. —Soy cristiana—, dijo, y entregó de vuelta a la bebé. Fueron todos arrojados a las bestias salvajes. Felicita y Perpetúa, quienes habían sido arrojadas a una vaca salvaje, aunque horriblemente corneadas, todavía estaban vivas. Los gladiadores fueron convocados para decapitarlas. Felicita murió en el primer golpe, pero la mano del hombre tembló, y golpeó a Perpetúa otra vez y otra vez, herida, pero no mortalmente. Mirando al hombre susurró: —tienes más miedo que yo. Y tomando la punta de la espada la sostuvo sobre su garganta. —Golpea ahora—, dijo Perpetúa, y así pasó a la presencia de su Dios.

Mónica respiró profundamente.

—Tan débil y tan fuerte—, dijo.

—Así es, hija mía—, dijo la anciana. —Aquellos que son fuertes en las pequeñas cosas de la vida, son fuertes y valientes en las grandes pruebas.

—Es difícil ser siempre fuerte y valiente—, dijo la niña.

—No, si el amor de Dios siempre llega primero—, respondió la anciana.

Mónica estaba en silencio. Ella pensaba en su propia vida de joven, y cómo, con todos los cuidados de un hogar cristiano sobre ella, había escapado de un gran peligro. Desde su infancia ella había sido criada por la vieja enfermera de su padre, quizás no excesivamente, pero sí de forma sabia, ya que la ciudad de Tagaste era en gran parte pagana en sus hábitos, y la fiel y antigua servidora sabía bien qué tentaciones rodearían su crianza en años posteriores. Mónica, aunque llena de vida y espíritu, tenía sentido común y juicio más allá de sus años. Ella también tenía un gran amor a Dios y a todo lo que pertenecía a su santo servicio, y podía pasar horas, arrodillada en la iglesia en algún rincón tranquilo. Fue allí donde ella trajo todos sus problemas y sus esperanzas infantiles; era al amigo invisible en el santuario al que confió todos los secretos de su joven corazón, y, sobre todo, ese deseo de sufrir por Él y por su Iglesia, deseo que le habían inspirado las historias de los mártires.

Cuando el tiempo le pasó demasiado rápido, y llegaba de regreso casa tarde, humildemente aceptó la corrección que le esperaba, porque ella sabía que había desobedecido, aunque involuntariamente, las órdenes de la enfermera.

Mónica había sido, intencionalmente, desobediente una sola vez, y en toda su vida nunca olvidaría la lección que le había enseñado su desobediencia.

Era una regla de su antigua enfermera no tomar nada para beber entre comidas, incluso en los calurosos días de verano en ese clima sofocante. Si ella no tenía coraje para soportar una mortificación tan leve como esa, la anciana mujer argumentaría, que le iría mal en las mayores pruebas de la vida.

Mónica se había acostumbrado al hábito, pero cuando era lo suficiente mayor, como para comenzar a aprender los deberes de la limpieza, su madre decidió que ella debería ir todos los días a la bodega para sacar el vino para la comida del mediodía. Una sirvienta fue con ella para llevar el jarrón, y la niña, sintiéndose placenteramente importante, lleno y rellenó la pequeña taza que se utilizó para sacar el vino del barril y lo vacío cuidadosamente en la jarra de vino. Cuando todo estuvo terminado, había unas pocas gotas restantes en la copa, un espíritu de travesura tomó repentinamente posesión de Mónica, y ella las bebió, haciendo una mueca por el extraño sabor.

La doncella se rió, y continuó riendo cuando la actuación se repitió al día siguiente y el día después. El extraño sabor se volvió gradualmente menos extraño y menos desagradable para la joven; diariamente se agregaron algunas gotas, hasta que al final, sin pensar en lo que hacía, bebería casi el relleno de la pequeña taza, mientras que la sirviente se reía como en el pasado.

Pero Mónica era rápida e inteligente, y estaba aprendiendo bien todos sus deberes del hogar. Un día había encontrado un trabajo que le correspondía a la criada que iba con ella a la bodega, muy mal hecho. Mónica le reprochó severamente. La doncella se volvió enojada con su joven ama.

—No es para un bebedor de vino como tú encontrar defectos en mí—, replicó ella.

Mónica se quedó horrorizada. La palabra insolente de la mujer había rasgado el velo de sus ojos. ¿A dónde iba ella a la deriva? ¿En qué profundidad podría haberla conducido ese acto de desobediencia tan leve, si Dios en su misericordia no hubiera intervenido?

Ella nunca tocó el vino por el resto de su vida, a menos que se diluyera en gran medida con agua. Dios le había enseñado que "el que desprecia las cosas pequeñas caerá poco a poco en las grandes", y Mónica había aprendido su lección. Ella había aprendido a desconfiar de sí misma, y la desconfianza hace que uno sea maravillosamente amable con los demás; ella también aprendió a confiar en Dios, y confiar en Dios hace que uno sea maravillosamente fuerte. Le habían enseñado a amar a los pobres y a los que sufren, y también a servirlos al propio costo e inconveniencia, haciendo este servicio a los demás de manera desinteresada.

Dios tenía trabajo por hacer para Mónica en su mundo, como lo tiene para todos nosotros, y le había dado todo lo que era necesario para su tarea.

Esa noche en el camino a su recámara, cuando la joven pasó por el lugar donde se había sentado con su abuela más temprano en el día, ella se detuvo un momento y miró entre los altos pilares en la noche estrellada, donde las palmeras se alzaban como sombras oscuras contra el profundo azul del cielo. Ella juntó sus manos, y sus labios movidos en oración: —Oh Dios—, murmuró, —¡sufriré por ti y por tu fe! — Dios escuchó la oración susurrada, y la respondió más tarde.

Hay un martirio viviente tan doloroso y amargo como la muerte, y Mónica fue llamada para probarlo.

CAPÍTULO II

CÓMO SANTA MONICA VIVIÓ EN EL HOGAR PAGANO DE SU ESPOSO PATRICIUS

Aunque había muchos cristianos en el África romana, los modales paganos y costumbres aún sobrevivieron en muchas de sus ciudades. La gente se aferró a sus juegos en el circo, los crueles y sangrientos combates de la arena, que, aunque prohibido por Constantino, todavía estaban permitidos por gobernadores provinciales.

Ellos apenas fingieron creer en su religión, pero se aferraron a los antiguos festivales paganos, esto fue lo que les permitió a ellos divertirse sin restricción bajo pretexto de honrar a los dioses. El paganismo del siglo IV, con su lema, "Comamos, bebamos y seamos felices", no impuso abnegación; y por lo tanto, esto estaba destinado a ser algo popular.

Pero la naturaleza humana desenfrenada es algo peligroso. Si los hombres son contentos de vivir como las bestias que perecen, cae tan abajo su nivel como Dios quería que se elevaran por encima de él, y el Imperio Romano se estaba desmoronando a través de su propia corrupción. En África, adoración de los viejos dioses cartagineses, a quienes solían ser niños vivos ofrecidos en sacrificio, todavía tenían sus devotos, y sacerdotes de Saturno y Astarte, con su pelo largo y caras pintadas y túnicas color escarlata, aún se encontraban bailando locamente en procesión a través de las calles de Cartago.

Las diversas sectas heréticas tenían sus predicadores en todas partes, proclamando que había formas mucho más fáciles de servir a Cristo que lo enseñado por la Iglesia Católica. Fue difícil para los obispos cristianos mantener sus rebaños intactos, ya que había enemigos en cada lado.

Cuando Mónica tenía veintidós años, sus padres la dieron en matrimonio con un ciudadano de Tagaste llamado Patricius. Él sostuvo una buena posición en la ciudad, porque pertenecía a una familia que, aunque pobre, fue noble. Mónica sabía poco de su futuro esposo, salvo que él era casi el doble de su edad y un pagano, pero era la costumbre de los padres arreglar todos esos asuntos, y ella solo tenía que obedecer.

Una pequeña sorpresa fue tal vez sentida en Tagaste de que tan buenos cristianos deberían elegir un marido pagano para su bella hija, pero se descubrió que era imposible remover sus esperanzados puntos de vista para el futuro. Cuando se objetó que Patricius era bien conocido por su temperamento violento incluso entre sus propios asociados, ellos respondieron que aprendería la dulzura cuando se convirtiera en cristiano. Pero mientras tanto las cosas podrían ser crueles con su hija, pero al parecer ellos no lo pudieron prever.

Mónica llevó su nuevo problema a donde había llevado los antiguos problemas. Arrodillada en su rincón favorito de la iglesia, ella pidió ayuda y consejo del amigo que nunca falla. Ella había tenido de niña sus ideales de amor y matrimonio. Ella había soñado con un brazo fuerte sobre el cual ella podría apoyarse, de un corazón y alma que sería uno con ella en todo eso que para ella era muy querido, en dos vidas juntas y entregadas en el amor de Dios y su servicio. Y ahora parecía que era ella quien debería ser fuerte para ambos; esforzarse y sufrir para traer el alma de su esposo de la oscuridad a la luz de la verdad. ¿Ella tendría éxito? Y si no, ¿cuál sería la vida matrimonial que estaba ante ella? No se atrevió a pensar en eso. Ella no debía fallar, y sin embargo. . . "Tú en mí, oh Señor", oró una y otra vez entre abundantes lágrimas.

Era tarde cuando ella se dirigió a su casa, y esa noche, arrodillándose junto a su cama, colocó los ideales de su niñez a los pies de aquel que no permite ningún sacrificio, por pequeño que sea, quede sin recompensa. Ella sería fiel a esta nueva empresa, se resolvió a realizarla, costara lo que costara.

Ciertamente, las cosas no prometían mucha felicidad para la joven novia. Patricius vivía con su madre, una mujer fuerte de pasiones como él, y dedicada al bienestar de su hijo. Ella estaba amargamente celosa de la joven que le había robado el afecto su hijo, y resolvió en su mente no gustar de ella. Los esclavos de la casa siguieron, por supuesto, el ejemplo de su señora y tratando de complacerla inventaban historias contra Mónica.

Patricius, que amaba a su joven esposa con el único amor del que él era capaz, no tenía nada en común con ella, y no tenía idea de sus pensamientos o acciones. No tenía reverencia ni respeto por las mujeres, de hecho, para la mayoría de las mujeres que él conocía no tenía ninguno, ni ellas lo merecían, y él había elegido a Mónica por su belleza, tanto como habría elegido un caballo o a un perro.

Él pensó en sus caminos e ideas extraordinarias. Ella tomó amablemente un interés en los esclavos como si ellos fueran de su propia carne y sangre, e incluso intercedía para ahorrarles una paliza.

A ella le gustaban los pobres, y reunía a esta gente sucia y desagradable acerca de ella, yendo tan lejos como para lavar y vestir sus llagas.

Patricius no compartía su atracción, y objetó fuertemente a tales procedimientos; pero Mónica suplicó tan humilde y dulcemente que él cedió y dejó que ella hiciera lo que parecía causarle tanto placer. —No hubo explicaciones de gustos—, comentaba él.

Pasaba horas en la iglesia orando, con sus grandes ojos fijados en el altar. Es cierto, ella nunca estuvo allí en ningún momento cuando su esposo la extrañaba o necesitaba, y nunca estuvo tan llena de tierno afecto por él como cuando regresaba a casa; pero aun así, para él, era una extraña forma de pasar el tiempo.

Había algo sobre Mónica, es cierto, eso era lo que la diferenciaba de cualquier otro miembro de la casa, esto es que mientras ella la recorría diariamente sus deberes, siempre estaba mirando alguna posibilidad de hacer una acción amable.

Cuando Patricius estaba en uno de sus temperamentos violentos, gritando, abusando, e incluso golpeando a todos los que se cruzaban en su camino, ella lo miraba con ojos amables que no mostraban miedo, ni enojo. Nunca respondió bruscamente, a pesar de que sus groseras palabras la lastimaban cruelmente.

Él una vez había alzado la mano para golpearla, pero no se había atrevido; algo, él no sabía qué, lo retenía.

Más tarde, cuando su enojo había disminuido, y tal vez estaba un poco avergonzado de su violencia, ella lo encontraba con una afectuosa sonrisa, perdonando y olvidando todo. Y solo si él mismo hablaba, y tocado por la generosa indulgencia de Mónica, intentaba vergonzosamente hacer enmienda por su trato a ella, entonces ella le explicaría suavemente su conducta.

Más a menudo ella no dijo nada, sabiendo que las acciones hablan más en voz más alta que las palabras.

Como su mejor biógrafo dice de ella: "Habló poco, no predicó nada, amó mucho y oró incesantemente".

Cuando las jóvenes esposas de sus conocidos, las casaron como ella con maridos paganos, estas se quejaron de los insultos e incluso de los golpes que tuvieron que soportar: "¿Estás segura de que tu propia lengua no tiene la culpa?" les preguntaba ella riendo; y enseguida con pronta simpatía hacía todo lo posible para ayudar, consolar y aconsejar. Le preguntarían su secreto, porque todos lo sabían, que a pesar de la violencia de Patricius y su temperamento, él la trató con algo que casi se acerca al respeto.

Luego ella les decía: —sean pacientes, amen, recen y reúnan dureza con gentileza y abuso con silencio—. Y cuando a veces respondieron que parecería débil actuar de tal manera, Mónica les preguntaría si pensaban que se necesitaba más fuerza para hablar o para estar en silencio cuando se les provocaba, y qué era más fácil, sonreír o enojarse cuando se les insultaba.

Muchas casas fueron más felices en consecuencia, porque Mónica tenía un don particular para hacer las paces, e incluso como un niño que había resuelto las disputas de sus jóvenes compañeros para la satisfacción de todos.

Para el mundo exterior, la joven esposa de Patricius parecía contenta y feliz. "Ella manejó bien sus asuntos", dijo la gente, y nadie más que Dios sabía del sufrimiento que era su secreto y el de Dios.

Criada en la paz y piedad de una familia cristiana, ella no tenía idea de las miserias del paganismo. Ahora tenía una amplia oportunidad para estudiar el efectos del egoísmo desenfrenado y de las pasiones descontroladas; para ver cuán baja podría ser la caída de la naturaleza humana, desenfrenada sin la fe y el amor.

Su suegra la trató con recelo y aversión, los esclavos, nunca cansados de inventar nuevas historias contra ella, y siempre tergiversando todas sus acciones a su señora. Mónica no parecía notar la falta de amabilidad, pagó los muchos insultos que recibió con pequeños servicios prestados con tacto, pero ella lo sintió profundamente.

—No saben... —se decía a sí misma, y rezaba por todos ellos más intensamente, ofreciendo sus sufrimientos por estas pobres almas que estaban tan lejos de la paz de Cristo. ¿Cómo iba a llegar la luz ellos, sino a través de ella? ¿Cómo podría aprender a amar a Cristo si no aprendía a amar a sus siervos y a verlo en ellos?

La revelación debía venir a través de ella, si es que llegara a suceder. —Tú en mí, oh Señor—, ella oraba, y sacaba fuerza y valor a su pies para el sufrimiento de todos los días.

El corazón de Patricius era como un jardín descuidado. Gérmenes de la generosidad, de la nobleza, se oculta bajo un crecimiento de malezas que nadie había tomado el problema de limpiar. Los hábitos de toda la vida lo mantuvieron cautivo. Con Mónica él siempre estaba en su mejor momento, pero se cansó de estar así. Era mucho más fácil estando en su peor. Poco a poco comenzó a buscar distracciones entre sus viejos compañeros paganos en los viejos y viles placeres.

Toda la ciudad comenzó a hablar del descuido a su hermosa joven esposa. Mónica sufrió cruelmente, pero en silencio. Cuando estaba en casa, lo que era raro, ella estaba serena y gentil como de costumbre.

Ella nunca le reprochó, y lo trató con la misma ternura de siempre. Patricius sintió el encanto de su presencia; todo lo que era bueno en él respondió; pero los malos hábitos habían llegado lejos para sofocar a los buenos, y su naturaleza inferior clamaba por los bajos placeres. Él no era lo suficientemente fuerte como para romper la cadena que lo sostenía.

Entonces Mónica lloró y oró en secreto, y Dios envió un rayo de sol para alegrar su triste vida. Tres hijos nacieron de ella durante los primeros años de su matrimonio. El nombre de Agustín, su hijo mayor, que será asociado para siempre con el de su madre. De los otro dos, Navigius y Perpetua su hermana, sabemos muy poco. Navigius, delicado en salud, era de una naturaleza amable y piadosa. Tanto él como Perpetua se casaron, pero esta última después de la muerte de su marido entró en un monasterio. Con sus hijos menores, Mónica no tuvo problemas; era el mayor, Agustín, quien, después de haber sido por mucho tiempo el hijo de su pena y sus oraciones, estaba destinado a ser finalmente su gloria y su alegría.

CAPÍTULO III

CÓMO SANTA MÓNICA CRIÓ A SUS HIJOS, Y CÓMO EL PEQUEÑO AGUSTÍN CAYÓ EN ENFERMEDAD Y DESEÓ EL BAUTISMO

Tan pronto como nació el pequeño Agustín, su madre lo llevó a la Iglesia Cristiana, para que el sacerdote de Dios hiciera la señal de la Cruz se en su frente, y así podría ser ingresado entre los catecúmenos. Eso era una costumbre de la época, nunca aprobada por la Iglesia, de posponer Bautismo hasta que el catecúmeno se haya mostrado capaz de resistir tentaciones de la sociedad, de la cual la mitad era pagana y en medio de esta fue tuvo que vivir. A través de esta idea equivocada de reverencia por el sacramento, el joven soldado de Cristo para que no manchara sus armas en el luchar, fue enviado desarmado a un conflicto en el que necesitaba toda la fuerza que solo el sacramento le podía dar.

Las perspectivas para Mónica, con su esposo pagano y su pagano hogar, era más oscuro que para la mayoría de las madres cristianas. Su corazón creció en peso dentro de ella, mientras sostenía a su pequeño hijo en sus brazos y pensaba en el futuro.

Por el momento de hecho él era suyo; pero luego, cuando ella ya no pudiera mantenerlo a su lado y rodearlo con amor y protección de madre, ¿qué peligros le acosarían?

La influencia de un padre incrédulo, durante los años cuando sus ideas infantiles de la vida se estarían formando; en un hogar que no conocía a Cristo, ¿cómo podría pasar intacto a través de los peligros que asaltarían su joven alma?

Con oraciones y lágrimas, Mónica se inclinó sobre la pequeña cabeza inconsciente que yacía tranquilamente sobre su pecho, encomendó a su bebé al padre celestial a quien todas las cosas son posibles.

Agustín bebió el amor de Cristo en la leche de su madre, como él mismo nos contara después de grande. Tan pronto como pudo hablar, ella le enseñó a balbucear una oración. Tan pronto como pudo entender, ella le enseñó, en un lenguaje adecuado para su sentido infantil, las grandes verdades de la fe cristiana. Él escucharía con entusiasmo, y, de pie junto a la rodilla de su madre, o acurrucado en sus brazos, siguiendo la dulce voz que podía hacer las cosas más profundas tan simples como para una comprensión infantil.

Era la época de la semilla que más tarde daría una fruta gloriosa, aunque los largos días de invierno serían primero. El chico era pensativo e inteligente; amaba todo lo que era grandioso, bueno y noble. El aborrecimiento de lo que era malo y desagradable, inspirado en él por su madre en esos días de la primera infancia, lo perseguía incluso durante sus peores momentos en la vida posterior. El grito que estalló de su alma en su madurez, cuando había bebido profundamente de la copa de las alegrías terrenales y lo encontró amargo e insatisfactorio, tuvo su origen en las primeras enseñanzas: "Tú nos has hecho para ti, oh Dios, y nuestros corazones no encuentran descanso hasta que descansen en ti".

Un día, cuando el niño tenía alrededor de siete años, fue repentinamente azotado por la enfermedad. Tenía un gran dolor y pronto se puso tan enfermo que su vida estaba en peligro sus padres estaban angustiados, pero el único pensamiento de Agustín fue para su alma; él rogó y oró para poder recibir el Bautismo. Mónica agregó sus súplicas a las de su hijo. Patricius cedió. Todo estaba preparado, cuando el niño de repente se sintió mejor. Entonces alguien intervino, probablemente su padre, para que Agustín no recibiese el Bautismo y fue pospuesto de nuevo, indefinidamente.

Pero era hora de pensar en la educación del niño, y se propuso enviarlo a la escuela en Tagaste. Era una escuela pagana a la cual los niños debían ir, se debían estudiar los autores paganos, y, lo peor de todo, serían las conversaciones paganas que debía escuchar y los compañeros de juego, paganos, con quienes debe asociarse.

Patricius estaba orgulloso de la belleza y la inteligencia de su pequeño hijo, y esperaba grandes cosas para su futuro; pero Agustín en sus tempranos días escolares no era brillante. Ansioso como el niño era de aprender solo lo que a él le interesaba, tenía una aversión insuperable a todo eso que le causó problemas. Le aburría aprender a leer y escribir, y la verdad poco inspiradora de que dos y dos son cuatro era un verdadero cansancio de la carne para él. Aunque las historias de Virgilio lo hechizaron, a Homero nunca lo disfrutó ni perdonó, porque si no hubiera sido por él no se habría visto obligado a navegar a través de las aguas heladas del griego, "la gramática".

Desafortunadamente para Agustín, verdades tan tristes como dos y dos cuatro deben dominarse antes de intentar vuelos más altos. Los maestros de escuela de Tagaste no tenían más que una forma de agudizar a sus alumnos el celo por el aprendizaje: el uso liberal de la vara.

Ahora, a Agustín no le gustaban los golpes tanto como no le gustaban las demás cosas desagradables, pero tampoco le gustaba el trabajo. La única forma de evadir ambas cosas desagradables era seguir el ejemplo del mayor número de sus compañeros eruditos, jugar cuando deberían estar estudiando, decir mentiras inteligentes a sus maestros de escuela y sus padres con el fin de evadir el castigo. Tales trucos, sin embargo, están destinados a ser descubiertos tarde o temprano, y Mónica, dándose cuenta de que podía sacar mucho de su hijo por amor, pero poco por miedo, lo llevó a un curso de instrucción impartido por sacerdotes cristianos, para que aprendiera a vencerse a sí mismo por el amor de Dios.

Como resultado, Agustín tomó más en serio sus oraciones, pidiendo: sobre todo, no ser golpeado en la escuela. Su madre, encontrándolo un día orando en un rincón tranquilo para este propósito, sugirió que si había aprendido sus lecciones para el día no necesitaba tener miedo, pero si no lo hubiera hecho, el castigo era de esperarse.

Patricius, quien estaba pasando y escuchó la conversación, se rió del temor de su hijo y estuvo de acuerdo con su esposa. Agustín pensó que ambos eran extremadamente desalmados.

A medida que el niño creció, sin embargo, sus maravillosos dones comenzaron a mostrarse, viendo de lo que él era realmente capaz, lo castigaban aún más severamente cuando estaba inactivo. Agustín, también, comenzó a enorgullecerse de su propio éxito y a desear ser el primero entre sus jóvenes compañeros.

El último engaño como una cuestión de rutina, tanto en el trabajo como en el juego. Los malos hábitos son contagiosos, y Agustín a veces también engañaría. Cuando se descubriera, volar en una pasión, aunque nadie era tan severo con la deshonestidad por los demás como él mismo. Y sin embargo, aunque a menudo cedía a las tentaciones que eran más difíciles de resistir por su naturaleza amante del placer, había mucho que era bueno en el niño. Tenía un corazón fiel y amoroso, una atracción por todo lo que era grande y noble. Era, de hecho, el hijo de su madre y el de su padre; la cizaña y el trigo brotaban lado a lado.

Pero Agustín estaba creciendo rápidamente desde la infancia. Patricius, más orgulloso que nunca de su hijo inteligente, resolvió no escatimar esfuerzos en darle la mejor educación que sus medios podían obtener. El niño tenía un gran regalo de elocuencia, dijeron sus maestros, y mucho juicio; él seguramente triunfaría brillantemente en la corte. Se decidió enviarlo a Madaura, un pueblo a unas veinte millas de distancia, un buen pueblo más grande que Tagaste, y bien conocido por su cultura y sus escuelas.

Era una de las ciudades más paganas de África, pero esta era un objeción que no tenía peso con Patricius, aunque significaba mucho para Mónica, lo único que confortaba su pensamiento de esta primera separación era que al menos su hijo no estaría demasiado lejos de casa.

No muy lejos, en verdad cómo va la distancia, pero a qué distancia en ¡espíritu! Madaura era una ciudad grande y hermosa, con un circo y teatro, y un buen foro, o mercado, rodeado de estatuas de los dioses. Estaba orgulloso de su reputación de aprender, pero tenía poco de que estar orgullosos moralmente.

Sus profesores eran hombres que estaban más avergonzados de haber sido detectados en un error de estilo que en los crímenes más graves, y en realidad no estaban avergonzados de nada más.

Los dioses paganos fueron retenidos por los estudiosos como modelos de admiración e imitación. Fue un pobre ideal en el mejor de los casos. Los dioses fueron representados por los mejores y grandes poetas y autores paganos, como más poderosos, que lo mortales comunes. Estaban sujetos a todas las mezquindades y todas las bajezas menos nobles de sus adoradores.

Que sus aventuras, ni morales ni elevadoras, fueron contadas en el lenguaje más exquisito por los más grandes autores de la antigüedad, más bien añadidos al peligro que disminuidas.

Es cierto que el más noble de los clásicos escritores se separó continuamente de la esclavitud que los mantenía, para estirar a tientas las manos hacia la verdad eterna y la belleza en qué el verdadero genio siempre debe tener alguna idea, pero no todos fueron nobles.

Los estudiantes de Madaura eran dignos de sus maestros. Nada era demasiado vergonzoso como para no hablarlo, si solo se hablara de frases bien construidas. Las obras de teatro que en este actuaban eran lo que podría esperarse en la sociedad romana del siglo IV: esa sociedad de que

San Antonio y San Jerónimo se habían visto obligados a huir al desierto para salvar sus almas.

Agustín ganó opiniones de oro de sus maestros por su rapidez e inteligencia. No pensaban en otra cosa que cultivar las mentes de sus eruditos. Corazón y alma no se tocaron, o se tocó de tal manera que el mal cobró vida y el bien fue sofocado. Es un genio, gritaron, un retórico en ciernes, un poeta. Aunque maestros y eruditos por igual lo aplaudieron, Augustín, mientras bebía sus alabanzas con avidez, estaba inquieto e infeliz. Había caído ante las sutiles tentaciones de Madaura como el maíz ante la guadaña. Primero pensamientos malvados, pero se resistió descuidadamente; entonces malas acciones. Había perdido su inocencia infantil, y con ella su felicidad infantil.

Porque él sabía demasiado, y era demasiado noble de la naturaleza para ser contenido con lo innoble. Las semillas de las enseñanzas de su madre todavía estaban vivas dentro de él.

¿Y Mónica? A solo veinte millas en Tagaste estaba orando por su hijo, suplicando al padre celestial que lo mantuviera alejado del mal, que velara por él ahora que ya no estaba a su lado, esperando y confiando en que todo estaba bien con su hijo.

CAPÍTULO IV

CÓMO SANTA MÓNICA POR SU GENTILEZA Y CARIDAD GANÓ A PATRICIUS Y A SU MADRE PARA CRISTO

De todas las fuerzas ocultas en el mundo, tal vez la más misteriosa es lo que llamamos "influencia".

Para bien o para mal, a un menor o un mayor grado, sale de cada uno de nosotros, y tiene su efecto en todos con quienes entramos en contacto. Es como un aliento sutil que refuerza el espíritu para bien, o lo relaja al mal, pero nunca lo abandona intacto o inmóvil.

"Ningún hombre vive solo para sí mismo", dijo San Pablo, que tuvo muchas oportunidades de ver el funcionamiento de esa fuerza misteriosa en el mundo y de estudiar sus efectos. Según sigamos nuestros mejores y más nobles instintos, o, para usar una frase hogareña pero viva, dejándonos llevar, consciente o inconscientemente, damos un empuje hacia arriba o hacia abajo para todos los que entran en contacto con nosotros.

Afortunadamente para todos nosotros, Dios no nos pide logros, sino esfuerzo, y el esfuerzo sincero es el secreto simple de la influencia saludable. Mónica, es cierto, era una santa, pero una santa en camino. Santos no nacen ya hechos; la santidad es algo hermoso que se construye piedra por piedra, no creada por el toque de la varita de encantamiento.

Durante los años transcurridos desde que Patricius había traído su joven esposa a casa de su madre, ella habría sido la primera en confesar cuán lejos se hallaba de la altura del ideal que ella había establecido alcanzar para sí misma. Y sin embargo, había hecho un esfuerzo incesante, incesante   oración, amor infatigable y paciencia. Exteriormente todo parecía como de costumbre, pero la fuerza oculta había estado haciendo su trabajo en secreto, como siempre hace.

La madre de Patricius estaba envejeciendo; ella tampoco estaba tan activa ni tan fuerte como había sido. Lo que solía ser fácil para ella estaba volviéndose difícil. Alentó a su espíritu independiente, al verse obligada, a pedir ayuda de otros.

Mónica, leyendo su corazón como solo una desinteresada puede hacerlo, vio esto y entendió. En todo momento la mujer mayor encontraría que algún pequeño servicio había sido hecho por manos invisibles, algunos pequeños actos considerados que hicieron las cosas más fáciles para la anciana cansada de sus extremidades. Había alguien que parecía saber y entender lo que ella quería casi antes de que ella misma lo hiciera.

¿Quién podría ser? No los esclavos, sin duda. Ellos hicieron su deber por miedo a ser golpeados, pero eso era todo. Y de hecho eso era todo lo esperado de ellos. ¿Patricius? No, tampoco; no estaba en su camino, él nunca pensaba en tales cosas. Por lo tanto, no podría ser nadie más que Mónica.

La anciana reflexionó profundamente. Ella había tratado a su nuera dura y cruelmente durante todos estos años. Ella la había mirado como un intruso. Pero entonces, los esclavos le contaron historias desagradables de su joven señora; era solo lo que ella merecía. Y todavía... Era difícil pensar en esas historias feas relacionadas con Mónica como ella misma la conocía, como la había visto día tras día desde que vino por primera vez, la joven novia, en la casa de su esposo.

De nuevo, y ¿cómo le había pagado Mónica por su falta de amabilidad? Con caridad y dulzura sin fallas, con respeto gentil y solicitud a sus deseos, nunca tratando de afirmarse a sí misma, nunca apelando a su marido para darle el lugar que por derecho pertenecía a ella. Ella había estado contenta de ser tratada como la última en la casa.

La anciana estaba sentada pérdida en sus pensamientos. ¿Cómo sería la casa, ella de repente se preguntó, sin esa suave presencia? ¿Qué haría ella? ¿Qué harían todos ellos sin Mónica? Con una repentina punzada de tristeza, se dio cuenta de cuánto se apoyaba en su nuera, y cómo sería su vida sin ella. Ella consideró el asunto en una nueva perspectiva. Ella era una mujer de fuertes pasiones pero de sentido común; la razón comenzaba a triunfar sobre el prejuicio.

Enviando por los esclavos, ella los cuestionó bruscamente sobre los cuentos ellos le habían contado sobre su joven señora. Ellos vacilaron, se contradecían entre sí y ellos mismos, al final confesaron que ellos habían mentido.

La anciana fue directamente con su hijo y le contó toda la historia. Patricius no era de los que tomaban medias medidas en tal asunto. No incluso las oraciones de Mónica, todas inconscientes de la ofensa particular se habían comprometido, sirvieron para salvar a los culpables. Eran profundamente golpeados como lo habían sido alguna vez en sus vidas, después de lo cual se les dijo que sabían qué esperar si alguna vez respiraban otra palabra otra vez contra su joven señora. Como sucedió, no tenían deseo de hacerlo. Las fuerzas ocultas habían estado trabajando allí también.

La amabilidad de Mónica, su simpatía con sus alegrías y tristezas, para ellos algo extraño y nuevo, ya había tocado sus corazones. Más de una vez habían sentido pena por haber hablado alguna vez en contra de ella; se habían sentido avergonzados en su presencia. Después de la justicia hecha a los esclavos, la madre de Patricius buscó a su nuera, le dijo francamente que había cometido un grave error, y le pidió perdón. Mónica abrazó a la anciana en sus brazos y se negó a escuchar. Desde ese momento fueron las más verdaderas de amigas.

Hubo muchas cosas de las que hablar, pero la primera fue sobre la religión. Mónica había revelado su fe por su vida, sus acciones diarias, y para la anciana fue una revelación hermosa y seductora. Ella quería saber, comprender; escuchó ansiosamente las explicaciones de Mónica.

Era un mensaje de vida nueva, de esperanza más allá de la tumba, de alegría, de paz; ella suplicó ser recibida como catecúmeno. No tardó mucho antes de arrodillarse al lado de Mónica delante del altar para marcada en la frente con la cruz de Cristo, eran las alegres primicias de las semillas que había sido sembradas entre lágrimas.

Uno por uno, los esclavos siguieron el ejemplo de su señora, hambrientos de su turno para el mensaje que trajo tanta paz y luz a las almas sufrientes y cansadas.

¿Es para tales como nosotros? Ellos preguntaron. Y Mónica respondió que era para todos, que el maestro mismo había elegido ser como uno de los que sirven.

Toda la casa era cristiana ahora, con la excepción de Patricius, e incluso él crecía cada día en gentileza, más pensativo; las misteriosas fuerzas estaban trabajando en él también. Su amor por Mónica era más reverente; sus ojos se abrían lentamente a la belleza de las cosas espirituales. La vieja vida, con sus viejos placeres, era cada vez más desagradable para él; él vio su bajeza mientras que hasta ahora apenas podía difícilmente, liberarse de sus ataduras, de las cadenas de los viejos hábitos que eran tan difícil de romper.

Notó el cambio en su madre, y envidió un poco su valor.

Incluso envidió las felices caras a los esclavos, la nueva luz que brillaba en sus ojos y que les dio una extraña y nueva dignidad.

Mónica, viendo la lucha, redobló sus oraciones; su amor desinteresado rodeaba a su marido como una atmósfera de luz y dulzura, atrayéndolo con un poder invencible para mejorar las cosas.

Ella le hablaría de sus hijos, sobre todo de Agustín, su hijo mayor, de la admiración de sus profesores en Madaura. Él estaba asombrando a todos, estos escribieron, por sus brillantes dones. Él tenía el alma de un poeta y la elocuencia de un orador; él realizaría cosas geniales.

En Madaura, Agustín había estado muy bien hasta ahora, pero decidió su padre que debía hacer todo lo posible para darle a su hijo un buen comienzo en la vida; y acordó enviarlo a ir más lejos. Roma era imposible; la distancia era demasiado grande y el gasto demasiado pesado.

Los medios de Patricius eran limitados, pero resolvió hacer todo lo posible por su hijo mayor. Cartago tenía la reputación de la cultura y el aprendizaje como el segundo después de eso de Roma. Si la economía se practicaba de forma limitada en casa, Cartago podría ser posible. Mientras tanto, no era de mucha utilidad dejar al niño en Madaura. Lo llevaron de vuelta a casa para que permaneciera allí un año, durante el cual podría estudiar en privado, mientras ahorraban el dinero para pagar sus gastos en Cartago.

La sugerencia deleitó a Mónica. Ella tendría a su hijo con ella por un año entero. Ella podría cuidarlo justo cuando necesitara su cuidado maternal; miró ansiosamente hacia el regreso de Agustín. La antigua e íntima vida que habían llevado juntos antes de ir a Madaura comenzaría de nuevo. De nuevo, su hijo colgaría de su brazo y le contaría todas sus esperanzas y sueños para el futuro: esperanzas y sueños en el que ella siempre ingresó, de la cual siempre fue parte. Ella miraría una vez más a los ojos claros del niño, mientras él le confesaba sus fallas y defectos, vería a llama encendida en ellos mientras le hablaba de actos nobles y heroicos, e insistiría a ser fiel a sus ideales.

Y así en sueños felices pasaron los días hasta el regreso de Agustín; pero había una amarga aflicción para Mónica. Este Agustín no era el mismo que se había ido a Madaura hace dos años. Los días de la vieja amistad familiar parecían haber pasado al recuerdo. Sus ojos. Ya no se tornaban a ella con el viejo candor; él rechazó la mirada interrogante. Él incluso evitó su compañía, y parecía más familiar con su padre, que estaba orgulloso de su apuesto hijo, más allá de lo que es posible describir.

—Está bien—, dijo Patricius; —él está creciendo, eso es todo. Los muchachos no siempre pueden estar atados a las cuerdas de su madre—. Los momentos que Mónica temía tanto por Agustín habían llegado; las influencias paganas habían estado trabajando. Oh, ¿por qué ella lo dejó ir a Madaura? Y sin embargo tenía que ser así; su padre había insistido.

Ella hizo varios esfuerzos para romper la pared de reserva que Agustín se había construido entre él y ella, pero no servía de nada. Él tenía otros planes ahora en los que ella no entró, otros pensamientos muy lejos, ¡qué lejos! De ella. Una nube oscura estaba entre ellos.

Un día convenció a su hijo para que saliera con ella. La primavera acababa de llegar, esa maravillosa primavera africana cuando todo el mundo parece de repente estalló en flor. Había bellas flores en cualquiera lado del camino en el que caminaron; la fragancia de la primavera estaba en sus fosas nasales; la dorada luz del sol bañaba con arcoíris la tierra. Era una caminata que les había gustado llevar desde la antigüedad a deleitarse juntos en toda la belleza de ese mundo que Dios ha hecho.

Mónica habló amablemente a su hijo de la nueva vida que se extendía ante él, de los peligros que acechan su camino. Del deber de aferrarse a la Ley de Cristo, ella le insistió en ser puro, fuerte y valiente.

No hubo un brillo de respuesta como en el pasado. El niño escuchó con un mal gracia: la vergüenza y el honor estaban tirando de su corazón, pero en vano. Su yo superior fue derrotado, ya que el ser inferior crecía cada día más fuerte.

—La charla de la mujer—, se dijo a sí mismo. —Ya no soy un niño.

Volvieron a través de las gloriosas vistas y sonidos de la primavera; había una daga en el corazón de Mónica. En el umbral ella conoció a Patricius. Él quería hablar con ella. Deslizó su brazo sobre el suyo, sonriendo a través de su dolor, y regresaron de nuevo, entre los asódelos que se movían con la cabeza y los setos de glicinas, a lo largo del sendero que acababa de pisar con su hijo.

Había una seriedad insólita sobre Patricius. Había estado pensando profundamente, le dijo. Había comenzado a ver las cosas en con una nueva luz. Todavía era oscuro, y todavía estaba débil; pero la vida anterior y la vieja religión se había vuelto odiosa para él.

Su Dios era el verdadero Dios; él quería saber cómo amar y servir a ese Dios de Mónica. ¿Estará en listo, pensó ella, para aprender? ¿Podría ser recibido como catecúmeno?

La nueva alegría cayó como un bálsamo en su dolor. Mónica había perdido a su hijo, pero ganó a su marido. Dios era bueno Él había escuchado sus oraciones. Él había aceptado su sacrificio. Seguramente Él le devolvería a su hijo.

Ella confiaría y esperaría. "No retendrá ninguna cosa buena de aquellos que le pidan".

Unos días más tarde, Patricius se arrodilló junto a ella en el altar. Su corazón rebosante de alegría y agradecimiento. Eran uno por fin, uno en alma, en fe. A unos pasos de distancia, se arrodilló Agustín. ¿Qué pensamientos estaban en su corazón? ¿Fue la última lucha entre el bien y el mal?

¿Fue la influencia de su madre, el amor de Cristo que ella había inculcado en él en su infancia, haciendo una última resistencia contra las fuerzas que lo habían influido en Madaura, que aún lo dominaban, influencias del mundo corrupto en el que vivió? No sabemos. Si fue así, el mal triunfó.

CAPÍTULO V

CÓMO AGUSTÍN FUE A CARTAGO, Y CÓMO PATRICIUS TUVO UNA MUERTE CRISTIANA

El año de Agustín en casa no hizo por él lo que Mónica había esperado. Sus viejos compañeros de escuela paganos se reunieron a su alrededor; él siempre estaba con ellos; la feliz vida hogareña parecía haber perdido su encanto. La falta de principios y de honor en la mayoría de ellos lo disgustó en sus mejores momentos; sin embargo, ahora estaba contento de divertirse en su compañía.

Incluso se avergonzó, cuando se jactaron de sus errores, por parecer más inocentes que los de ellos, y pretendió ser peor de lo que realmente era, por temor a que su prestigio sufriera ante sus ojos. Hubo momentos en que lo aborrecía todo, y anhelaba la vida anterior, con sus placeres inocentes; pero es difícil volver al camino cuesta arriba.

Él nos cuenta cómo fue una noche con una banda de estos salvajes compañeros para robar el árbol frutal de un pobre vecino. Estaba cargado con peras, pero no fueron muy buenos; no les importaba comerlas ellos y los arrojaron a los cerdos. No fue la codicia escolar lo que provocó el robo, pero el placer puro de hacer el mal, de dañar al dueño del huerto. También estaba la excitación salvaje de lo atrevido; el temor de que puedan ser atrapados en el acto. Tuvo cuidado de mantener tales escapadas en secreto de su madre, pero Mónica estaba inquieta, sabiendo lo que se podría esperar de los compañeros que su hijo había elegido.

Para Patricius, los ideales cristianos de vida y conducta eran nuevos para él todavía; las viejas costumbres paganas parecían naturales. Era muy poco probable que le sorprendiera el hecho de que la adolescencia de su hijo era más parecida a la suya. Estaba parado, es cierto, en el umbral de la Iglesia, pero su enseñanza aún no estaba clara para él. Sus propios pies no eran lo suficientemente firmes en los caminos de Cristo como para permitirle estirar una mano firme a otra.

Su madre estaba empeorando de salud rápidamente; el final no podría estar lejos. Mónica se estaba dedicando en cuerpo y alma a la anciana que se aferraba a ella con cariño y nunca fue feliz en su ausencia.

Patricius las observó juntas y se maravilló de los efectos de la gracia del bautismo.

¿Era realmente su madre, se preguntaba él, esa anciana amable y paciente, tan considerada con los demás, tan dispuesta a renunciar a su propia voluntad?

Ella solía ser violenta y testaruda como él, resentida e implacable en sus disgustos, pero ahora ella se parecía más a Mónica que a él. Sin embargo, ese era el modo de Mónica; su dulzura y paciencia parecían ser atrapantes. Ella era como la luz del sol, penetrando en todas partes con su luz y calor.

Él, ¡ay! estaba muy atrás de su madre. Aunque era catecúmeno, el viejo temperamento solía brillar aún. La auto conquista era la tarea más difícil que había emprendido alguna vez, y a veces casi se desanimaba, y se inclinaba a renunciar por completo.

Entonces, Mónica le recordaba con dulzura que con la ayuda de Dios las cosas más difíciles eran posibles, y se arrodillaban y rezaban juntos, y Patricius se animaba nuevamente a luchar.

Ella tenía un maravilloso regalo para dar coraje a la gente; Patricius lo había notado antes. Supuso que era porque estaba tan llena de simpatía, y siempre tenía en cuenta las cosas. Y luego pareció pensar, para estar segura, incluso que si uno continuaba intentándolo, los fracasos no importaban, a Dios no le importaba; y ese fue algo muy reconfortante para gente pobre y débil como él. Seguir intentándolo fue posible incluso para él, aunque sabía que no siempre podría prometerse a sí mismo el éxito.

Patricius estaba ansioso por el futuro de Agustín. Todos sus esfuerzos no habían logrado salvar la suma requerida para su primer año en Cartago. Había descubierto que costaría mucho más de lo que había supuesto al principio, y era difícil ver de dónde venía el dinero. Fue en este momento que Romanianus, un rico y honorable ciudadano de Tagaste, que conocía la pobreza de su amigo, se adelantó generosamente y puso su bolso a disposición de Patricius. La suma requerida se ofreció con tanta delicadeza que no se pudo rechazar. Agustín seguramente le daría gloria a su pueblo natal, dijo Romanianus; fue un honor poder ayudar en su educación.

Mónica estaba casi contenta de ver a su hijo partir. La vieja pereza juvenil había dado paso a un verdadero celo por aprender y sed de conocimiento. La vida ociosa en casa fue sin duda lo peor para él. El trabajo duro y la búsqueda de la sabiduría pueden estabilizar su naturaleza salvaje y traerlo de vuelta a Dios. Era su única esperanza ahora, mientras con oraciones y lágrimas le suplicaba que cuidara de su hijo.

Pero Mónica no conocía a Cartago. Si solo superaba a Roma por su cultura y sus escuelas, casi rivalizaba con Roma en su corrupción. Allí, todo lo peor de la civilización de Oriente y Occidente se encontró y se mezcló. Los sangrientos combates entre hombres y bestias, los espectáculos de gladiadores que deleitaron a los romanos, fueron gratuitos para todos los que eligieron frecuentar el anfiteatro de Cartago. Juegos como los romanos encantados, imposibles de describir, se representaron en el teatro. Los horribles ritos de las religiones orientales se practicaron abiertamente.

No había disciplina, ni orden en las escuelas. Los estudiantes más ricos se gloriaron en su mala reputación. Eran jóvenes de moda que eran capaces de cualquier cosa, y que tenían cuidado de dejar que otros lo supieran. Iban por el nombre de "smashers" o "trastornados", por su hábito de asaltar las escuelas de profesores cuyas enseñanzas no aprobaban, y de romper todo lo que podían echar con las manos.

Trataron a los recién llegados con brutalidad grosera, pero parece que Agustín ha escapado de su enemistad. Tal vez una cierta dignidad en el porte del joven, o tal vez sus dones brillantes, ganó su respeto, ya que los superó a todos en inteligencia, y rápidamente los superó en clase.

Agustín estaba ansioso por el conocimiento y ansioso por disfrutar. Él frecuentaba el teatro; su naturaleza amante del placer arrebató todo lo que la vida podía dar; sin embargo, él no estaba feliz. —Dios mío—, gritó en los últimos años, —¡Con qué amarga hiel en tu gran misericordia has derramado esos placeres míos!

Él no podía olvidar; y en Tagaste, su madre lloraba y rezaba por su hijo. Patricius oró con ella; él entendió al fin. Todos los días, los gérmenes de una naturaleza noble que habían estado latentes durante tanto tiempo dentro de él estaban ganando fuerza y vida.

Cada día su alma se abría cada vez más a la comprensión de las cosas espirituales, mientras que Mónica observaba la transformación con un corazón que se desbordaba de gratitud y amor.

Las penas del pasado fueron olvidadas en la alegría del presente, esa feliz unión a los pies de Cristo. Solo había una causa de tristeza: la salud de Patricius estaba faltando. Su madre ya le había mostrado las alegrías de un lecho de muerte cristiano. Ella había fallecido sonriendo, con sus manos en las suyas, y el nombre de Jesús en sus labios.

Las bellas oraciones de la Iglesia habían descendido con el alma que partía al umbral de la nueva vida, y la habían seguido hasta la eternidad. Parecía cercana a ellos todavía a la luz de esa nueva y maravillosa fe, y estar esperándoles en su hogar eterno. Pero la felicidad de Mónica iba a ser de corta duración, ya que parecía que Patricius pronto volvería a reunirse con su madre. Él no se engañó a sí mismo. Habló de su próxima muerte a Mónica, y le pidió que lo ayudara a hacer una preparación digna para el bautismo, que deseaba recibir lo antes posible.

Con la simplicidad y la confianza de un niño, él la miró en busca de guía e hizo todo lo que ella deseaba. Terminada la ceremonia, se volvió hacia su esposa y sonrió.

Una maravillosa paz lo poseía. La vieja vida, con todas sus manchas, había pasado de él en esas aguas purificadoras; la nueva vida estaba cerca. Una vez más, le pidió que le perdonara todo el dolor que le había causado, todo lo que la había hecho sufrir.

No, ella no debía llorar, él le dijo; la despedida sería solo por un tiempo, la reunión para toda la eternidad. Ella había sido su ángel, dijo; le debía toda su alegría. Fue su amor, su paciencia lo que lo hizo todo.

Ella le había mostrado la belleza de la bondad y le hizo amarlo. Él le agradeció por todo lo que ella había sido para él, todo lo que ella le había mostrado, todo lo que ella había hecho por él. Sus lágrimas cayeron sobre su rostro, sus amorosos brazos lo sostuvieron; su dulce voz, quebrada de llanto, habló palabras de esperanza y consuelo. En el umbral de ese otro mundo, Mónica se despidió de su esposo, y un alma más que ella había ganado para Cristo salió a una gloriosa eternidad.

CAPÍTULO VI

CÓMO SANTA MÓNICA VIVÍA SUS DÍAS COMO VIUDA, Y CÓMO PONÍA TODA SU CONFIANZA EN DIOS

Patricius no tenía muchos bienes mundanos para dejar a su esposa. Ella necesitaba poco para ella misma, es verdad, pero estaba Agustín. ¿Sería posible para ella, incluso si se limitara a la más estricta economía, mantenerlo en Cartago, donde le estaba yendo tan bien?

Romanianus adivinó su ansiedad y se apresuró a dejarlo tranquilo. Él tenía una casa en Cartago, y dijo; puede ser para Agustín, el tiempo que la necesite. Esto resolvería la cuestión del alojamiento. Para tranquilizarla, continuó Romanianus, como un viejo amigo de Patricius que tenía derecho a hacerse amigo de su hijo, y Mónica debería concederle el privilegio de actuar en el papel de un padre para Agustín hasta que este haya madurado en la vida.

Tenía un hijo propio, un hijo joven llamado Licentius. Mónica se haría amiga de su hijo, y su amistad daría fruto. La gratitud de ambos, madre e hijo, haría que este generoso amigo y benefactor estuviera toda su vida. Agustín haría sentir sus afectos más de una vez.

"Tú lo eras, Rumanius", escribió Agustín en sus confesiones, "quién, cuando era un joven estudiante pobre en Cartago, me abriste tu casa, tu bolso, y aún más tu corazón. Tú fuiste quien, cuando tuve la pena perder a mi padre, me consoló con tu amistad, me ayudó con tu consejo, y me ayudaste con tu fortuna".

Mónica lloró la muerte de su esposo con verdadera devoción; pero para ella no era una tristeza egoísta. Sentía amor y simpatía por todos los que necesitaban de ella, y se olvidó de su propio dolor para consolar a los demás. Había ciertas buenas obras que la Iglesia dio a las viudas cristianas para realizar. Los hospitales, por ejemplo, estaban completamente en sus manos.

Todavía eran pequeños, construidos de acuerdo a las necesidades del momento de los fondos de los fieles, y tuvo pocos pacientes. Estas mujeres dedicadas se sucedieron a intervalos en su tarea de lavar las ropas y atendiendo a los enfermos, mirando por sus camas y limpiando sus habitaciones. Sus administraciones ni siquiera cesaron allí. Con cuidado reverente prepararon a los muertos para el entierro, pensando que mientras de la preparación del cuerpo de Cristo para la tumba, y de Él quien dijo: "En la medida en que lo hagas al más pequeño de mis hermanos lo haces por mí".

Fue un momento feliz para Mónica cuando llegó su turno de servir a los enfermos. Ella besaría las llagas por mucha lástima, mientras los lavaba y los vestía y sus rostros se tornaban brillantes a su llegada. Ellos la llamaron "madre". Parecía un nombre tan natural para darle, porque ella era una madre para todos, y les dio el amor de una madre.

Para algunas de las pobres criaturas, esclavos sin amigos como solían ser, que habían conocido poca simpatía o ternura en sus duras vidas, era una revelación del cristianismo que les enseñó más que muchas horas de predicación pudo haber hecho.

Pero había otro trabajo además de este en el hospital. Estaban los pobres para ser ayudados, los hambrientos para ser alimentados, los desnudos para ser vestidos. Ella también reuniría a las niñas huérfanas en una rodilla para enseñarles las verdades de su fe. Cuando eran muy pobres, ella las mantenía en su propia casa, alimentándolas en su propia mesa, y vistiéndolas con sus propias manos. —Si soy madre de estas huérfanas—, se decía a sí misma, —Él tendrá misericordia y me devolverá a mi hijo; si yo les enseño para conocerlo y amarlo como a un padre, Él cuidará de mi hijo.

Era una costumbre del tiempo en las fiestas de santos y mártires hacer una peregrinación a sus tumbas, con una pequeña cesta de comida y vino. Esto era puesto en la tumba, después de lo cual los fieles repartirían lo que habían traído, mientras pensaban y hablaban de las vidas nobles de los siervos de Dios que se habían ido antes.

La costumbre fue abolida poco tiempo después a causa de los abusos que se habían producido, pero Mónica la observó hasta el final. Ella apenas probaba de su ofrenda, pero entregaba todo a los pobres. A menudo, de hecho, se puso fría y hambrienta para poder vestir y alimentar a los pobres.

Su amor por la oración, también, ahora podía encontrar un alcance completo. Cada mañana la encontraban en la iglesia para el Santo Sacrificio; por la noche ella estaba allí otra vez, silenciosa, absorta en Dios. El lugar donde ella se arrodillaba a menudo estaba mojado por sus lágrimas; el tiempo pasó desapercibido. Patricius, su esposo, estaba a salvo en las manos de Dios; pero Agustín, su hijo, el más grande de todos, su querido, ¿en qué oscuros caminos estaba vagando? Y sin embargo, en el fondo de su corazón había una profunda convicción de que ninguna triste noticia de Cartago podría hacer agitar de su vida. No obstante, en lo más profundo de su corazón había una profunda convicción de que ninguna triste noticia de su hijo en Cartago podría sacudir su vida. Su naturaleza no estaba hecha para encontrar satisfacción en las cosas de la tierra. Él nació para algo más alto. Su corazón noble, su fuerte inteligencia, lo traerían de vuelta a Dios.

Aún su corazón se hundió cuando pensó en las gracias desperdiciadas, de conciencia pisoteada, de luz rechazada. No, no hubo espero en cualquier lugar excepto con Dios. En Él ella confiaría, y solo en Él. Él era infinito en misericordia y fuerte para salvar. Él había prometido que nunca fallaría a los que ponen su confianza en él. A sus pies, y solo a sus pies, Mónica derramó sus lágrimas y su dolor. Con otros, ella estaba serena y esperanzada como antes, incluso alegre, siempre lista para ayudar y consolar. Se dijo de ella después de su muerte que no uno tenía el don de ayudar a otros como ella. Ella nunca predicó en personas: la mayoría de la gente tiene una aversión insuperable a ser predicada, pero cada palabra que ella dijo tenía un extraño poder de atraer almas a Dios, de hacer que desearan ser mejores.

Mientras tanto, Agustín, en Cartago, justificaba todas las esperanzas que habían sido formadas por él. Él tenía incluso mejores dones, al parecer, que elocuencia, sentimiento e ingenio. Estaba a la cabeza de su clase en retórica. Su maestro le había hablado de un cierto tratado de Aristóteles, que pronto sería llamado a estudiar. Era tan profundo, dijo, que pocos podían entenderlo, incluso con la ayuda de los profesores más doctos. Agustín, ansioso por conocer este maravilloso trabajo, lo obtuvo de inmediato y lo leyó. Parecía para él perfectamente simple; se dio cuenta que era innecesario pedir una única explicación.

Lo mismo sucedía con la geometría, la música y todas las ciencias que abordaba. Este joven genioso de diecinueve años solo descubrió que había dificultades en el camino cuando tenía que enseñar a otros, y se dio cuenta de lo difícil que era hacerles entender lo que era tan extremadamente simple para él mismo.

Había algo extrañamente simpático y atractivo sobre Agustín. Parecía modesto y reservado acerca de sus propios dones, aunque él mismo nos dice en sus "Confessions" que estaba lleno de orgullo y ambición. Él tenía el don de hacer verdaderos y fieles amigos, en una encantadora conversación atraía a sus jóvenes compañeros e incluso hombres mayores a su lado.

Una madre más mundana que Mónica habría estado completamente orgullosa de su hijo. La fe y la virtud eran las únicas débiles y frágiles en esa alma que podría estar tan mal sin ellos; pero para ella eran lo más esencial; el resto no importaba demasiado. Sin embargo, Mónica, con verdadera intuición, creía que con las mentes nobles el conocimiento debe acercar a los hombres a Dios; ella esperaba mucho, por lo tanto, que el brillo del intelecto de Agustín lo salvaría al final, y sus esperanzas no fueron engañadas.

Ya la noble filosofía de Cicerón, aunque era pagano, despertó una sed de sabiduría en el alma del joven estudiante; ya el sintió el vacío de las alegrías terrenales. —Anhelaba, Dios mío—, escribe, —volar de las cosas de la tierra a ti, y no sabía que eras Tú que estaba trabajando en mí...

—Una cosa enfrió mi ardor—, continúa diciendo; —fue que el nombre de Cristo no estaba allí, y este nombre, por tu misericordia, señor, de tu hijo, mi salvador, mi corazón había atraído con la leche de mi madre, y mantenido en sus profundidades, y cada doctrina donde este nombre no apareció, con fluidez, elegancia y, aunque parezca una verdad, podría ser, no pudo dominarme por completo.

Luego recurrió a las Sagradas Escrituras, pero se le aparecieron inferior en estilo a Cicerón. "Mi orgullo", escribe, "despreciaba la manera en que se dicen las cosas, y mi inteligencia no pudo descubrir el sentido oculto. Se vuelve grandioso solo para los humildes, y yo desdeñé humillarme e inflado con vanagloria, me creí genial".

Fue en este momento que entró en contacto con los maniqueos, cuyos errores lo atrajeron a la vez. Esta extraordinaria herejía tenía comenzado en el este, y se había extendido por todo el mundo civilizado. Sus seguidores formaron una sociedad secreta, con letreros y contraseñas, calificaciones e iniciaciones.

Para imponerse a los cristianos, usaron palabras cristianas para doctrinas que fueron completamente anticristianas.

Quizás lo más notable de ellos fue su odio a la Iglesia. Agustín, que permaneció entre ellos durante nueve años, por lo tanto los describe cuando escribe a un amigo:

"Sabes, Honorato, que solo por esta razón caímos en las manos de estos hombres, a saber, que ellos profesaban liberarnos de todos los errores, y nos llevan a Dios solo por la razón pura, sin ese terrible principio de autoridad. ¿Por qué otra cosa me indujo a abandonar la fe de mi infancia y seguir a estos hombres durante casi nueve años, sino su afirmación de que estábamos aterrorizados por la superstición en una la fe impuesta ciegamente a nuestra razón, mientras que no instaron a nadie a creer hasta que la verdad fue completamente discutida y probada? ¿Quién no dejarse seducir por esas promesas, especialmente si fuera un orgulloso, joven contencioso, sediento de la verdad, como luego encontraron a mí?"

Eso fue lo que prometieron los maniqueos. Lo que Agustín encontró entre ellos también nos dice:

—Me repetían incesantemente: 'Verdad, verdad', pero no había verdad en ellos. Ellos enseñaron lo que era falso, no solo sobre ti, mi Dios, que eres la Verdad misma, pero incluso sobre los elementos de este mundo, tus criaturas.

Demasiado para sus doctrinas; en cuanto a los maestros mismos, los encontró a ellos "carnales y locuaces, llenos de orgullo insano".

El gran encanto del maniqueísmo para Agustín fue que enseñó que el hombre no fue responsable de sus pecados. Esta doctrina fue conveniente para alguien que no pudo encontrar la fuerza para romper con sus malos hábitos.

—Tal era mi mente—, resume luego, mirando hacia atrás en este período de su vida, —tan pesada, tan

cegada por la carne, que yo para mí mismo era
desconocido.

CAPÍTULO VII

CÓMO EL CORAZÓN DE SANTA MÒNICA FUE QUEBRANTADO POR LA NOTICIA DE QUE SU HIJO HABÍA ABONADO LA FE CRISTIANA

Las malas noticias viajan rápido. Agustín acababa
de unirse a los maniqueos cuando las noticias
llegaron a Mónica. Al principio ella apenas podía
creerlo. Este fue un golpe para el que no estaba
preparada; la aplastó sobre la tierra. Ella incluso
hubiese llorado menos por la noticia de la muerte
de su hijo.

Y sin embargo, dobló su corazón roto a la voluntad
de Dios, y esperó en Él cuya misericordia no puede
fallar. Oyó más tarde que Agustín había renunciado
públicamente a la Fe de su infancia; había sido
ingresado por los maniqueos como un "auditor", el
primer grado de iniciación en su secta. Y con todo el
celo y el ardor que llevaba a todo lo que hacía,

defendía esta abominable herejía y persuadía a sus compañeros de seguir su ejemplo.

Sus ojos se oscurecieron al llorar por su hijo. Estaba muerto para Dios, ese Dios que era su todo. Las vacaciones estaban cerca y Agustín regresaría a Tagaste. Quizás ella encontraría que no era tan malo como ella había pensado. Puede ser solo el capricho de un momento; ella esperaría y vería.

¡Ay! la esperanza fue vana, Agustín apenas había pasado un día en casa antes de comenzar a emitir obstinadamente sus nuevas opiniones, decidido a no escuchar. Entonces la Mónica cristiana se elevó sobre la madre; su horror de la herejía era por el momento más fuerte que su amor por su hijo. De pie frente a él, indignada y enojada, le dijo claramente que si hablaba de esa manera, ya no podría recibirlo en su mesa o en su casa.

Agustín estaba asombrado; había descubierto por fin los límites de la resistencia de su madre. Con la cabeza gacha, salió de la casa y buscó la hospitalidad de Romanianus. Apenas se había ido, después de que el corazón de Mónica se derritiera, el amor de madre volvió a surgir. Con lágrimas amargas, clamó a Dios para que la ayudara; su dolor parecía más grande de lo que podía soportar. Por fin llegó la noche y con ella la paz. Mientras dormía, exhausta de lágrimas, tuvo un sueño que le produjo una extraña sensación de esperanza y consuelo.

Le pareció que estaba parada sobre una regla estrecha o una tabla de madera, con el corazón oprimido por el dolor como lo había estado durante todo el día. De repente, apareció hacia ella un joven radiante y de rostro amable.

Sonriéndole, él le preguntó la causa de sus lágrimas.

—Estoy llorando—, respondió ella —por la pérdida de mi hijo.

—No te lamentes más, entonces—, contestó —porque, mira, tu hijo está parado junto a ti.

Mónica volvió la cabeza. Eso era cierto; Agustín estaba a su lado en el tablón de madera.

—Ten ánimo, —continuó el extraño, —porque donde tú estés, allí estará él también.

Entonces, Mónica despertó; las palabras estaban sonando en sus oídos; le parecía que Dios había hablado. Por la mañana fue directamente a Agustín y le contó su sueño.

—Quizás—, sugirió su hijo, ansioso por aprovecharlo, —significa que llegarás a ver las cosas como yo.

—No, —dijo Mónica con firmeza—, porque él no dijo: "dónde está tu hijo, tú estarás", sino "dónde tú estés, allí estará él".

Agustín quedó aún más impresionado por la seriedad y sabiduría de la respuesta de su madre que por el mismo sueño en sí, aunque fingió ignorar ambas cosas.

No mucho después de que Mónica fue a ver a cierto obispo santo, le rogó que usara su influencia con Agustín para devolverle a la verdad. El anciano sabio escuchó atentamente su historia.

—Déjalo solo por el momento, pero reza mucho—, fue su consejo, —porque hasta el momento él es obstinado e inflado con estas nuevas ideas. Si lo que me dices acerca de tu hijo es verdad, él leerá por sí mismo y descubrirá su error.

Luego, al ver la angustia de la pobre madre, le dijo que él mismo en su juventud había sido llevado por los maniqueos, e incluso había sido empleado en la transcripción de sus obras.

Fue eso lo que lo salvó; porque, como él escribió, la verdad se hizo evidente para él; él había visto cuánto debía evitar sus doctrinas. Luego, mientras Mónica lloraba por la decepción, porque había contado con su ayuda, una repentina lástima se apoderó de él.

—Ve por tus caminos, y que Dios te bendiga—, lloró.

—Es imposible que un hijo de tales lágrimas perezca.

El sueño de Mónica y las palabras del Obispo fueron como rayos de luz en la oscuridad. Esto le dio nuevas esperanzas y redobló sus oraciones.

Las vacaciones llegaron a su fin, y Agustín regresó a Cartago, pero no por mucho tiempo. Él tenía ahora veinte años. Su amigo y mecenas, Rumano, estaba muy ansioso de que abriera una escuela en Tagaste mientras esperaba algo mejor, y resolvió hacerlo. Un pequeño círculo de alumnos pronto se reunió a su alrededor, que más tarde seguiría a su joven maestro en todas sus andanzas.

Entre ellos estaba Alypius, un viejo compañero de escuela y un devoto amigo; los hijos de Romanianus; y otro amigo de la infancia de Agustín cuyo nombre no conocemos, pero que era el más querido para él que todos los demás. Eran de la misma edad, habían estudiado juntos, tenían los mismos gustos y las mismas ambiciones.

Influenciado por Agustín, todavía cálido en la alabanza de los maniqueos, él, al igual que el resto, había abjurado de la fe católica para unirse a su herejía.

Agustín había estado alrededor de un año en Tagaste cuando este amigo se enfermó repentinamente. Él yacía inconsciente en una fiebre ardiente; no parecía haber esperanza de recuperación. Había sido catecúmeno antes de unirse a los maniqueos. Sus padres, que eran cristianos, habiendo rogado que él pudiera ser bautizado antes de morir, las aguas vivificadoras se derramaron sobre él mientras yacía entre la vida y la muerte. Agustín no protestó, tan seguro estaba de que lo que él mismo le había enseñado antes de enfermarse tendría más influencia que un rito administrado sin su conocimiento o consentimiento. Para sorpresa de todos, el joven recuperó los sentidos y comenzó a reparar.

Agustín luego, riendo, le contó lo que habían estado haciendo y se burló de todo el proceso, sin dudar nunca, pero pensando que el enfermo disfrutaría tanto la broma como él. Para su gran sorpresa, su amigo se apartó de él con horror.

—Nunca me vuelvas a hablar de esa manera si deseas conservar mi afecto—, dijo.

—Discutiremos este asunto cuando seas más fuerte—, pensó Agustín. Pero unos días más tarde el inválido tuvo una recaída, y murió con la túnica blanca de su bautismo aún sin mancha.

Agustín estaba inconsolable. Todo en Tagaste le recordaba al querido compañero de su niñez. —Mi propio país se convirtió en un castigo para mí—, escribió, —y la casa de mi padre una miseria, y todos los lugares o cosas en las que me había comunicado con él se convirtieron en un tormento amargo para mí, estando ahora sin él. Mis ojos lo buscaron por todas partes, y odiaba todas las cosas porque no lo tenían.

La idea de la muerte estaba llena de horror para él, lo que dio paso a una profunda depresión. Su salud, que nunca había sido muy robusta, comenzó a sufrir.

Romanianus, por mucho que deseaba mantenerlo en Tagaste, se dio cuenta de que un cambio de escena sería lo mejor para él, y aceptó su propuesta de regresar a Cartago y abrir una escuela de retórica. Alypius y sus otros discípulos lo siguieron, y en la prisa de la gran ciudad, Agustín recuperó, hasta cierto punto, su paz mental. Mientras enseñaba, continuó sus propios estudios y compitió por los premios públicos. Muchos hombres notables se unieron a su escuela, y su nombre comenzó a ser famoso.

Él deseaba mucho honor, pero solo si lo ganaba honorablemente. Un día, un cierto mago lo visitó. Había oído que Agustín estaba a punto de competir por uno de los premios inrédicos del Estado. ¿Qué estaría dispuesto a dar si pudiera asegurarle la victoria? Solo era necesario ofrecer algunas criaturas vivientes en sacrificio a los demonios a quienes adoraba y el éxito sería cierto. Agustín se apartó de él con horror y disgusto. Él aún no había caído tan bajo como esto.

—No sacrificaría una mosca—, replicó acalorado. —¡Para ganar una corona de oro!

El mago se retiró apresuradamente, y Agustín, que logró llevarse el premio sin la ayuda de los demonios, fue coronado públicamente por el procónsul Vindicius, quien desde entonces se unió al círculo de sus amigos.

La noticia de su éxito llegó a Mónica. El corazón de su madre se regocijó con su triunfo, pero su alegría se vio atemperada por el dolor. Cartago había tomado más de su hijo de lo que nunca podría darle, y sus pensamientos eran de otras victorias y otras coronas. Durante su estadía en Tagaste, aunque Agustín no había vivido bajo el mismo techo que su madre, había estado continuamente con ella. Su tierno afecto había sido su mayor consuelo en el profundo dolor después de la muerte de su amigo. No le habló más de religión, y ella, consciente de las palabras del viejo obispo, también guardó silencio.

—Mientras luchaba en el fango y en la oscuridad del error—, escribe Agustín —esa viuda santa, casta, devota y sobria (como la que amas) no cesó en todas las horas de sus oraciones para llorarme en tu presencia. Y sus oraciones fueron admitidas en tu presencia, y aun así Tú sufriste por mí por continuar inmóvil, y por estar involucrado en esa oscuridad.

La oscuridad era realmente grande, pero los fuegos seguían ardiendo bajo las cenizas. El amor, el honor y el éxito eran todos suyos y, sin embargo, no estaba contento. Había algo en su alma que ninguna de estas cosas podía satisfacer.

—Después de ti, oh verdad ¡Tenía hambre y sed! —relata Agustín.

Todavía le dolía el corazón por la pérdida de su amigo, se volvió a todos lados en busca de consuelo y no encontró ninguno. Buscó el olvido en el estudio. Escribió dos libros sobre lo "Hermoso" y lo "Apto" y los dedicó a Hierus, un famoso orador romano.

—Me pareció una gran cosa—, nos dice —que mi estilo y mis estudios fueran conocidos por un hombre así.

Mónica obtuvo una nueva esperanza de los escritos de su hijo. Estaban llenos de pensamientos nobles y grandes aspiraciones. Tal mente no podría permanecer en el error. Algún día, seguramente, en el buen tiempo de Dios, él llegaría a conocer la verdad.

CAPÍTULO VIII

CÓMO AGUSTÍN PLANEÓ IR A ROMA Y CÓMO CRUCIALMENTE ENGAÑÓ A SU MADRE

Fue en esta época cuando el entusiasmo de Agustín por los maniqueos comenzó a enfriarse. Él había estado estudiando sus doctrinas y había descubierto que no eran exactamente lo que él pensaba. Él también estaba decepcionado con sus profesores.

La primera verdad desagradable que se le ocurrió fue que eran mucho mejores al negar las doctrinas de la Iglesia Católica que al explicar las suyas. Era casi imposible descubrir en qué creían, tan vagos se volvían cuando eran cuestionados de cerca. Y Agustín lo cuestionó muy de cerca. Estaba en la senda de la verdad, y no fue fácil desacreditarlo con declaraciones generales nebulosas. Todavía era solo un auditor, y antes de dar un paso más, quería estar seguro de su terreno. Los hombres a quienes consultó no parecían muy seguros de sí mismos, comentaba, pero le pidieron paciencia. Uno de sus obispos, Fausto por su nombre, pronto llegaría a Cartago. Era uno de sus predicadores más brillantes y podría responder todas las preguntas de Agustín.

Esto sonaba prometedor, y Agustín esperó su llegada con impaciencia. Ciertamente fue un orador elocuente; sus sermones eran encantadores. Pero cuando Agustín fue a él en privado y le explicó sus dudas, el resultado no fue el esperado. Dio las mismas respuestas vagas que Agustín tantas veces había escuchado. Presionado, respondió francamente que no había aprendido lo suficiente como para poder satisfacerlo. Agustín estaba satisfecho con su honestidad y se hicieron buenos amigos. Pero el buscador no estaba más cerca de la verdad que antes.

Sin embargo, si Fausto no podía responderle, ¿cuál de los maniqueos podría? Él comenzó a perder la fe en ellos.

¿Qué enseñó la Iglesia Católica sobre estos puntos? Preguntó. Esta era una pregunta que todos podían responder, y lo hicieron, con gran entusiasmo y poca verdad.

Se le pudo haber ocurrido a un hombre menos inteligente que Agustín que los enemigos de la Iglesia no eran las personas para responder a esa pregunta de manera justa o veraz: pero él aceptó sus hechos y decidió que la verdad tampoco se encontraba allí. ¿Habrá algo así? Fue la última pregunta que se hizo a sí mismo. Los viejos filósofos, como paganos, parecían acercarse más al corazón de las cosas que esto.

Sin embargo, una y otra vez, fuera de la propia enfermedad de su alma, brotaba una plegaria a ese Cristo a quien había conocido y amado en su infancia, pero que se había vuelto tan oscuro para él, ya que los maniqueos le habían enseñado que su humanidad sagrada no era más que una sombra. Estaba cansado de la vida, cansado incluso de placer, cansado de todo, cansado casi de todo Cartago.

Debido a las formas salvajes de los estudiantes, era imposible mantener todo en orden en las escuelas. Las clases eran constantemente interrumpidas por bandas de "smashers", que podían entrar en cualquier momento y provocar un alboroto en todo el lugar.

Los amigos de Agustín lo presionaron para que fuera a Roma. Allí, insistieron, se encontraría con el honor que se merecía. Allí los estudiantes eran más tranquilos y educados; no se permitían disturbios;

los eruditos no podían ingresar a ninguna escuela sino a la de su propio maestro. Esto sonó esperanzador; Agustín estaba bastante satisfecho con la idea. Le escribió a Mónica y a Rumanius para contarles sobre el paso que se proponía tomar.

El corazón de Mónica se hundió cuando leyó la carta. Para los cristianos del siglo IV, Roma era otra Babilonia. Ella había derramado la sangre de los santos como agua; esta era el hogar de cada abominación. ¿Qué sería de Agustín en Roma? Sin fe, sin ideales, una nave deshabilitada, flotando con cada viento.

No debía ir, así lo decidió ella, o si lo hacía ella iría con él. Rezó para que ella pudiera hacerle renunciar al proyecto y escribió enérgicamente en contra; pero Agustín ya había tomado una decisión. Luego, desesperada, se dirigió a Cartago para hacer un último esfuerzo.

Su hijo estaba conmovido por su dolor y sus ruegos, pero sus planes estaban hechos: debía comenzar esa misma noche. —Le mentí a mi madre—, dice —"¡y una madre así!"

Él le aseguró que no iría, que podría tranquilizarla. Un amigo suyo se marchaba de Cartago y había prometido bajar al puerto para despedirlo.

Un instinto le advirtió a Mónica que la estaba engañando. —Iré contigo, dijo. Esto fue muy incómodo para su hijo; estaba en el límite de su ingenio para saber qué hacer. Bajaron juntos al puerto, donde encontraron al amigo de Agustín. Ningún barco podría embarcar esa noche, dijeron los marineros, el viento estaba muerto contra ellos. Los jóvenes no estaban dispuestos a abandonar el puerto en caso de que el viento cambiara y deberían perder el bote, mientras que Mónica estaba decidida a no abandonar Agustín.

Subieron y bajaron juntos en la orilla del mar en el aire fresco de la tarde. Pasaron las horas y la situación se hizo cada vez más difícil para Agustín. ¿Qué iba a hacer? Mónica estaba cansada y agotada por el dolor. Una idea se le ocurrió de repente. De nada servía esperar, dijo, sería mejor descansar un poco; el bote ciertamente no zarparía esa noche.

Mónica no estaba de humor para descansar; pero Agustín conocía su amor por la oración. Había una pequeña capilla en la orilla del mar, dedicada a San Cipriano. ¿Al menos iría allí y se refugiaría hasta la mañana?

Él le prometió de nuevo que no dejaría Cartago, y ella finalmente consintió, porque su alma estaba llena de tristeza.

Arrodillada allí en la quietud de la pequeña capilla, derramó los problemas de su corazón a Dios, suplicándole que no dejara que Agustín la dejara. La respuesta parecía extraña. Mientras rezaba, el viento cambió de repente; los marineros se prepararon para partir.

Agustín y su amigo subieron a bordo, y el barco partió hacia Roma.

Lo último que vieron cuando la orilla se desvaneció en el tenue gris de la mañana fue la pequeña capilla de San Cipriano, que yacía como una mancha en la distancia, pero no vieron una figura solitaria que estaba sobre la arena y que se extendía lastimosamente, con las manos al cielo, llorando por el hijo que había perdido por segunda vez.

Fue Dios solo quien conoció toda la amargura del corazón de esa madre. Fue Dios quien sabía cómo, después de la primera explosión incontrolable de dolor, se inclinó a sí misma en la fe y el amor que soportar la angustia, silenciosa y sin quejas. Y era solo Dios quien sabía que la separación que parecía tan cruel era llevar a la concesión de su oración de toda la vida, esta sería la primera etapa en la conversión de su hijo.

—Se dirigió a ti para orar por mí—, dice Agustín, —y siguió con sus asuntos habituales, y yo llegué a Roma.

Parecía, de hecho, como si su llegada a Roma estuviera destinada a ser el final de su carrera terrenal, ya que poco después fue atacado por una fiebre violenta y yacía a las puertas de la muerte. Agustín se alojaba en la casa de un maniqueo, para, a pesar de que ya no seguía sus doctrinas, tenía muchos amigos entre ellos en Cartago que le había recomendado a algunos de su secta en Roma.

Agustín mismo estaba convencido de que debía su vida en este momento a las oraciones de su madre. Dios no querría, por ella, dejarlo así en todos sus pecados, sin bautizarse ni arrepentirse, para que no se rompiera el corazón de esa madre y sus oraciones no fuesen respondidas. Se recuperó y comenzó a enseñar.

Mientras estuvo en Cartago, sospechó que las vidas de los maniqueos no eran mucho mejores que las de los paganos entre quienes vivían, aunque decían que su credo era el único que podía reformar la naturaleza humana. En Roma, sus sospechas fueron confirmadas. Pensando que Agustín era uno de ellos, se quitaron la máscara y se mostraron en sus verdaderos colores.

Los paganos al menos fueron honestos. Profesaron abiertamente que no vivían más que para disfrutar, y en esta gran ciudad, incluso más que en Cartago, uno podía saber cuán bajo podía caer un hombre;

pero al menos no eran hipócritas. Decidió separarse por completo de los maniqueos.

Había una Roma cristiana dentro de la Roma pagana, pero de esto Agustín no sabía nada. En el Trono del Pescador se sentó San Dámaso, sabio y santo. Su secretario, San Jerónimo, ya era famoso, no menos por su elocuencia que por la grandeza de su carácter. Jerónimo, como Agustín, había sido arrastrado en su juventud por la marea descendente, pero se había recuperado con una gloriosa penitencia. Los descendientes de las familias romanas más antiguas se encontraban en los hospitales atendiendo a los enfermos o trabajando entre los pobres en la gran ciudad. Los primeros monasterios estaban creciendo, pequeños centros de fe y oración en el desierto. Estaban poblados por hombres y mujeres que habían contado que el mundo estaba perdido para Cristo, o por aquellos que para salvar sus almas habían huido, como haría el gran San Benito más tarde, de las corrupciones que habían arrastrado a tantos hacia el abismo.

Agustín se sintió muy atraído poco antes de dejar Cartago por la predicación de Helpidius, un sacerdote católico. La idea le vino mientras estaba en Roma para ir a los católicos y descubrir lo que realmente enseñaban. Pero lo descartó. Los maniqueos ya le habían dicho, reflexionó, que ningún hombre inteligente podría aceptar sus doctrinas. Además, eran demasiado estrictos; sus ideales eran demasiado altos; tendría que renunciar demasiado.

Otro impulso honesto fue sofocado. Ingresó en una escuela de filósofos que profesaban no creer en nada. Era, decidió, la filosofía más sabia que él había conocido.

CAPÍTULO IX

CÓMO AGUSTÌN LLEGÓ A MILÁN, Y CÓMO SU ALMA TOCADA EN LA TEMPESTAD, ENCONTRÓ LUZ Y PAZ

Agustín no había pasado un año en Roma antes de descubrir que las costumbres de los estudiantes romanos no eran tan deliciosas como le habían hecho creer. Eran menos insolentes, es verdad que los de Cartago, y no tan ásperos; pero tenían otros defectos que eran tan detestables. Por ejemplo, asistirían a las clases de un cierto profesor hasta que llegara el momento de pagar sus honorarios, cuando se llegaba el tiempo de pagar, abandonaban al profesor y su escuela, cambiándose a otra escuela donde volverían a jugar el mismo truco. Sin duda fue una forma de obtener una educación por nada, pero fue difícil para los maestros. Parecía una profesión en la que uno no podría hacer una fortuna, incluso si fuera posible ganar el pan de cada día. Agustín estaba desanimado y enfermo de corazón; todo parecía estar en contra de él; no había esperanza, no había luz en ninguna parte. Su vida parecía condenada a fracasar, a pesar de todos sus dones.

Y luego, de repente, llegó la apertura que él había anhelado. Símaco, el Prefecto de Roma, recibió una carta de Milán, pidiéndole que nombrara a un profesor de retórica para la silla vacante en esa ciudad. Se anunció una competencia en la que Símaco, un conocido orador también, iba a ser el juez. Agustín entró y ganó el premio. Fue una posición excelente y honorable. El profesor fue apoyado por el estado. El emperador Valentiniano celebró su corte en la ciudad, lo que le dio una cierta posición.

Agustín recibió cartas de presentación por Ambrosio, el obispo, que había tenido un brillante éxito en la corte publica en su juventud, y probablemente era un viejo amigo de Símaco. Él era de una noble familia romana, famoso por su gran aprendizaje y encanto peculiar. También era famoso por su santidad de vida, pero esto era de menos interés para Agustín; era Ambrosio el orador a quien deseaba conocer.

Apenas llegó a Milán, se presentó ante el obispo, quien lo recibió con una cordial cortesía que atrajo a Agustín de inmediato. La única manera de juzgar su elocuencia era asistir a los sermones en la catedral. Agustín comenzó a hacerlo regularmente. Descubrió que Ambrosio no se había sobresaltado. Lo escuchó al principio con el placer que siempre le producía escuchar a un orador elocuente; luego, gradualmente, con sorpresa, comenzó a prestar atención a lo que dijo el obispo, así como a su manera de decirlo.

Ambrosio estaba explicando las doctrinas de la Iglesia. Habló muy clara y sencillamente, a la inteligencia no menos que al corazón, porque había muchos catecúmenos en su congregación, así como paganos que buscaban la verdad.

Los maniqueos lo habían engañado, entonces, pensó Agustín; habían mentido acerca de las enseñanzas de la Iglesia; o ellos mismos lo habían ignorado, y se había dejado engañar. Esto era completamente diferente a lo que le habían dicho. Fue noble y sublime; todo lo que fue grandioso y bueno en él respondió. ¿Había encontrado la Verdad al fin?

Mientras tanto, Mónica, decidida a reunirse con su hijo, llegó a Milán. El viaje había sido largo y peligroso; habían sido atacados por terribles tormentas; incluso los marineros habían perdido coraje. Fue ella quien los consoló en su miedo.

—La tormenta pronto terminará—, les aseguró; —sé que alcanzaremos el final de nuestro viaje con seguridad. Tenía la firme convicción de que no moriría hasta que sus oraciones hubieran devuelto a Agustín a Dios. Los marineros se animaron de nuevo ante sus palabras; sus ojos tranquilos los fortalecieron; sintieron que esta señora sabía cosas que estaban escondidas de ellos.

La primera visita de Mónica fue a San Ambrosio. Las dos naturalezas nobles se entendieron a la vez. —Gracias a Dios por haberte dado una madre así—, dijo el obispo a Agustín, cuando lo conoció unos días después; —ella es una en mil.

Mucho había pasado desde que madre e hijo se separaron, y mucho tuvo que ser dicho. Lo primero que oyó Mónica fue que Agustín había dejado a los maniqueos. En esto se regocijó mucho; estaba convencida, le dijo, de que lo vería como católico antes de morir. —Así me habló, dice Agustín, —pero a ti, oh fuente de la misericordia, ella redobló sus oraciones y sus lágrimas, suplicándote que apresures tu ayuda y disiparas mi oscuridad.

Fueron juntos a los sermones y se sentaron lado a lado en la Iglesia como en los días de la infancia de Agustín. Una por una dejó de lado las ideas falsas de la verdad que le habían dado los maniqueos. Cada día estaba más claro para él. Es cierto que había mucho que estaba por encima de su comprensión, por encima de la comprensión de cualquier ser humano, como reconoció francamente Ambrosio, pero no por encima de su fe. Los maniqueos se habían burlado de la fe por ser pueriles y crédulos; y sin embargo, pensó Agustín, cuántas cosas creía que no podría tener la posibilidad de probar. Creía, por ejemplo, que Hannibal había cruzado los Alpes, aunque no había estado presente en ese momento. Creía que Atenas existía, aunque nunca había estado allí.

Como antiguamente, un pequeño grupo de amigos se había reunido a su alrededor en Milán. Estaba Alypius, el más querido de todos sus asociados, que había tomado el lugar del querido amigo muerto de su niñez. Estaba Romanianus, que estaba allí por asuntos del Estado, y Licentius, su hijo, con Trigetius, ambos alumnos de Agustín; Nebridius, que había estado con él en Cartago, y eran, como él, un nativo de África romana; y varios amigos nuevos que había hecho en Milán. Se acordó entre ellos que se deberían apartar un cierto tiempo todos los días para buscar la verdad, leer y discutir entre ellos. Las Escrituras debían formar parte de su lectura.

—Surgió una gran esperanza—, escribió Agustín; —la fe católica no enseña lo que pensamos y en vano le acusé. La vida es vana, la muerte es incierta, si nos roba de repente, ¿en qué estado nos vamos a ir? ¿Y dónde aprenderemos lo que aquí hemos descuidado? No nos demoremos en buscar a Dios y la vida bendita.

En Milán había un santo sacerdote llamado Simplicianus, muy querido por San Ambrosio, porque había sido su maestro y guía en los primeros años de la vida. Para él, Agustín decidió ir; él podría ser capaz de ayudarlo. Le dijo a Simplicianus, entre otras cosas, que había estado leyendo un libro de filosofía traducido por un romano llamado Victorinus.

El libro era bueno, dijo Simplicianus, pero la historia de la vida de Victorinus era mejor. Él lo había conocido bien en Roma. Agustín estaba interesado; le gustaría escuchar la historia, dijo.

—Victorinus, —dijo el viejo, —era un pagano y un adorador de los dioses paganos. Fue un famoso orador y enseñó retórica a algunos de los ciudadanos más nobles de Roma. Fue instruido en todas las ciencias, y fue tan famoso por su virtud que le fue erigida una estatua en el foro. En su vejez, después de un estudio serio, se convirtió en cristiano, pero permaneció mucho tiempo como catecúmeno por miedo a lo que dirían sus amigos. Al fin se animó, se preparó para el bautismo y, para castigarse a sí mismo por su respeto humano, insistió en leer su profesión de fe en voz alta ante toda la congregación, en lugar de hacerlo, como era habitual, en privado.

Esta valiente acción de un anciano hizo que Agustín sintiera su propia cobardía. Él creía ahora que la Iglesia Católica era la verdadera Iglesia, y sin embargo no podía enfrentar el pensamiento del bautismo. Tendría que renunciar a tanto. El estándar cristiano era alto para un hombre que había pasado su vida en autocomplacencia. Él nunca podría alcanzarlo. Se despidió de Simplicianus con tristeza; la ayuda que necesitaba no se encontraba allí.

—Hice mi trabajo habitual—, decía —mientras mi ansiedad aumentaba a medida que todos los días le suspiraba. Él frecuentaba la Iglesia ahora incluso cuando no había sermones, porque comenzó a sentir la necesidad de orar.

Un día, cuando Alypius y él estaban solos, vino un amigo suyo, Pontitianus, un devoto cristiano, que ocupaba un puesto en el Tribunal del Emperador. Encontrando las Epístolas de San Pablo sobre la mesa, le sonrió a Agustín y le dijo que estaba contento de haberlas leído, porque estaban llenas de enseñanzas. Comenzó a hablarles de San Antonio y de las muchas ermitas y monasterios en Egipto, e incluso aquí en su propio país. Les habló de la vida monástica y sus virtudes, y, al ver su interés y asombro, les contó un incidente que había sucedido poco antes.

Dos jóvenes de la Corte Imperial, amigos suyos, que caminaban juntos por el campo, llegaron a una cabaña habitada por algunos santos reclusos. Una vida de San Antonio yacía sobre la mesa. Uno de ellos lo tomó y comenzó a leer. Su primer sentimiento fue de asombro, el segundo de admiración.

—¡Qué incierta es la vida! —dijo de repente a su compañero. —Estamos en el servicio del Emperador. Ojalá estuviéramos en el servicio de Dios, prefiero ser su amigo que el del Emperador. Siguió leyendo, con suspiros y gemidos. Finalmente él cerró el libro y se levantó. —Mi mente está hecha—, dijo; —entraré en el servicio de Dios aquí y ahora. Si no lo haces también, al menos no trates de obstaculizarme.

—Has elegido bien—, dijo el otro; —estoy contigo en esto.

Nunca salieron de la ermita.

Esta historia solo aumentó la miseria de Agustín. Él había tenido más gracias que estos jóvenes, y los había malgastado; él era un cobarde. Cuando Pontitianus se había ido, dejó a Alypius y salió al jardín. Alypius lo siguió y se sentó a su lado.

—¿De qué se trata? —exclamó Agustín con vehemencia. —¡Los desaprendidos toman el cielo por la fuerza, y nosotros, con todo nuestro desalmado aprendizaje, nos revolcamos en el fango! —Hundió su cara en sus manos y gimió. El camino se extendía ante él; había encontrado la Verdad Eterna por la que había estado buscando tanto tiempo, y no tenía el coraje de ir más allá.

Esto y eso tendría que hacer; esto y que tendría que darse por vencido, no podía: era demasiado difícil.

Y, sin embargo, para estar con los dos pies sobre la roca de la verdad, ¿no valía la pena todo esto y más? Entonces la batalla se acrecentó. El bien y el mal lucharon juntos en su alma.

CAPÍTULO X

CÓMO SANTA MONICA VIVIÓ EN CASSIACUM CON AGUSTÍN Y SUS AMIGOS, Y CÓMO AGUSTÌN FUE BAUTIZADO POR SAN AMBROSIO

Entre los santos hay dos grandes penitentes, Santa María Magdalena y San Agustín, quienes en el primer momento de su conversión se liberaron por completo de las trabas del pasado y nunca volvieron a mirar atrás.

—Has roto mis ataduras en pedazos—, exclama San Agustín, —a ti ofreceré el sacrificio de la alabanza. Los honores, la riqueza, el placer, todas las cosas que había deseado tan apasionadamente, ahora no le parecían nada. —Porque tú los expulsaste de mí—, decía —y en lugar de ellos viniste tú. Y te canté a ti, mi señor Dios, mi verdadero honor, mis riquezas y mi salvación.

Las vacaciones estaban cerca. Agustín decidió abandonar su cátedra y marcharse en silencio para prepararse para el Bautismo. Verecundus, uno de los pocos amigos fieles que lo rodearon, tenía una casa de campo en Cassiacum, que ofreció para su uso mientras permanecía en Italia. Fue una fiesta feliz que se concentró en sus paredes. Estaban Agustín y su hermano menor Navigius; el fiel Alypius, que recibiría el Bautismo con su amigo; Licentius y Trigetius, los dos alumnos de Agustín; y varios otros. Por último, estaba Mónica, que era una madre para todos, y cuya soleada presencia hizo mucho por animar a la familia. Era otoño, un italiano a mediados de septiembre. El país era una gloria de verde, oro y carmesí, los Apeninos se extendían como sombras púrpuras en la distancia.

Aquí, en la reclusión que tanto le gustaba a su corazón, Agustín leyó los Salmos por primera vez. Su alma estaba ardiendo con su belleza; cada palabra lo llevó a Dios. Mónica leyó con él, y él nos dice que a menudo recurría a ella en busca de una explicación. —Porque—, continúa, —ella estaba caminando firmemente en el camino en el que todavía estaba haciendo mi camino.

Había otros estudios además de los que se llevan a cabo, y San Agustín nos cuenta algunas de las interesantes discusiones que tuvieron lugar en el césped o en la sala de los baños, que utilizaron cuando el clima no era lo suficientemente bueno para salir.

Una mañana, cuando él y sus alumnos estaban hablando de la maravillosa armonía y orden que existe en la naturaleza, la puerta se abrió y Mónica miró hacia adentro.

—¿Cómo te va? —preguntó, porque sabía lo que estaban discutiendo. Agustín la invitó a unirse a ellos, pero Mónica sonrió. —Nunca he oído hablar de una mujer entre los filósofos—, dijo.

—Eso es un error—, respondió Agustín. —Hubo mujeres filósofas entre los antiguos, y tú sabes, mi querida madre, que me gusta mucho tu filosofía. La filosofía no significa nada más que el amor a la sabiduría. Ahora amas la sabiduría más de lo que me amas, y sé cuánto es decir: estás tan avanzada en sabiduría que no temes a la mala suerte, ni siquiera a la muerte misma. Todos dicen que esta es la altura de la filosofía. Por lo tanto, me sentaré a tus pies como tu discípulo.

Mónica, aun sonriendo, le dijo a su hijo que nunca había contado tantas mentiras en su vida. A pesar de sus protestas, sin embargo, no la dejaron ir, y ella estaba inscrita entre los filósofos. Las discusiones, dice San Agustín, le deben mucho a su bella presencia.

El 15 de noviembre fue el cumpleaños de Agustín. Después de la cena invitó a sus amigos a ir al salón de los baños, para que sus almas también pudieran ser alimentadas.

—Porque supongo que todos ustedes admiten—, dijo, cuando se habían preparado para la conversación, —que estamos hechos de alma y cuerpo.

A esto todos coincidieron, pero Navigius, que estaba inclinado a discutir, y que dijo que no sabía.

—¿Quieres decir—, preguntó Agustín, —que no hay nada en absoluto que conozcas, o que de las pocas cosas que no sabes es una?

Navigius se sintió un poco desconcertado ante esta pregunta, pero lo tranquilizaron, y finalmente lo convencieron de que estaba seguro del hecho de que estaba hecho de cuerpo y alma como cualquiera podría estar. Luego acordaron que la comida se tomó por el bien del cuerpo.

—No debe el alma tener su comida también? —Preguntó Agustín. —¿Y qué es esa comida? ¿No es conocimiento? Mónica estuvo de acuerdo con esto, pero Trigetius se opuso.

—Por qué, tú mismo—, dijo Mónica, —son una prueba viviente de ello. ¿No nos dijiste en la cena que no sabías lo que estabas comiendo porque estabas perdido en tus pensamientos? Sin embargo, tus dientes estaban trabajando todo el tiempo. ¿Dónde estaba tu alma en ese momento si no te alimentaste también?

Entonces Agustín, recordándoles que era su cumpleaños, dijo que como ya les había dado un pequeño banquete para el cuerpo, les daría uno para el alma.

¿Estaban hambrientos? preguntó.

Hubo un ansioso coro de asentimiento.

—¿Puede un hombre ser feliz—, dijo, —si no tiene lo que quiere, y es feliz si lo tiene? Mónica fue la primera en responder esta pregunta.

—Si él quiere lo que es bueno y lo tiene—, respondió ella, —él está feliz. Pero si quiere lo malo, no está contento incluso si lo tiene.

—¡Bien dicho, madre! —gritó Agustín. —Has alcanzado las alturas de la filosofía de un solo salto.

Alguien dijo entonces que si un hombre estuviera necesitado no podría ser feliz. Finalmente, todos estuvieron de acuerdo en que solo el que poseía a Dios podía ser completamente feliz. Pero la discusión había durado mucho tiempo, y Agustín sugirió que el alma podría tener demasiada nutrición además del cuerpo, y que sería mejor posponer el resto hasta el día siguiente.

La discusión continuó el día siguiente.

—Ya que solo el que posee a Dios puede ser feliz, ¿quién es el que posee a Dios? —preguntó Agustín, y todos fueron invitados a dar su opinión.

—Aquel que lleva una buena vida—, respondió uno.

—El que hace la voluntad de Dios—, dijo otro.

—El que es puro de corazón—, dijo un tercero.

Navigius no dijo nada, pero estuvo de acuerdo con el último orador. Mónica aprobó a todos.

San Agustín continuó: —¿Es la voluntad de Dios que todos lo busquen?

—Por supuesto—, todos respondieron.

—¿Puede el que busca a Dios llevar una mala vida?

—Ciertamente no—, dijeron.

—¿Puede un hombre que no es puro de corazón buscar a Dios?

—No—, estuvieron de acuerdo.

—Entonces—, dijo Agustín, —¿qué tenemos aquí? Un hombre que lleva una buena vida, hace la voluntad de Dios, y es puro de corazón, está buscando a Dios. Pero aún no lo posee. Por lo tanto, no podemos sostener que aquellos que llevan buenas vidas, hacen la voluntad de Dios, y son puros de corazón, poseen a Dios.

Todos se rieron de la trampa en la que los había atrapado. Pero Mónica, diciendo que era lenta en comprender estas cosas, pidió que se repitiera la discusión. Entonces ella pensó un momento.

—Nadie puede poseer a Dios sin buscarlo—, dijo.

—Es cierto—, dijo Agustín, —pero mientras busca, todavía no posee.

—Creo que no hay nadie que no tenga a Dios—, dijo. —Pero los que viven bien lo tienen por su amigo, y los que viven mal se hacen enemigos. Cambiemos la afirmación: "El que posee a Dios es feliz", "el que tiene a Dios como amigo es feliz".

Todos estuvieron de acuerdo con esto, pero Navigius.

—No—, dijo, —por esta razón: si feliz es quien tiene a Dios por su amigo y Dios es amigo de quienes lo buscan, y los que lo buscan no lo poseen, porque a esto todos han estado de acuerdo, entonces es obvio que aquellos que buscan a Dios no tienen lo que quieren. Y todos acordamos ayer que un hombre no puede ser feliz a menos que tenga lo que quiere.

Mónica no podía salir de esta dificultad, aunque estaba segura de que había una. —Me rindo—, dijo, —porque la lógica está en mi contra.

—Bien—, dijo Agustín —hemos llegado a la conclusión de que el que ha encontrado a Dios lo tiene a él como amigo y es feliz, pero el que todavía está buscando a Dios lo tiene a él como amigo, pero aún no está feliz. Quien se separó de Dios por el pecado no tiene a Dios como amigo ni es feliz.

Esto satisfizo todos.

El otro lado de la pregunta fue considerado.

—¿En qué consiste la infelicidad? —preguntó Agustín.

Mónica sostuvo que la necesidad y la infelicidad deben ir juntas.

—Para el que no tiene lo que quiere—, dijo, —es a la vez necesitado e infeliz.

Agustín luego supuso un hombre que tenía todo lo que quería en este mundo. ¿Podría decirse que estaba necesitado? Sin embargo, ¿era cierto que él estaba feliz?

Licentius sugirió que permanecería con él el temor de perder lo que tenía.

—Ese miedo—, respondió Agustín, —lo haría infeliz pero no lo haría necesitado. Por lo tanto, podríamos tener un hombre que no es feliz sin ser necesitado.

A esto todos estuvieron de acuerdo, pero Mónica, que todavía sostenía que la infelicidad no podía separarse de la necesidad.

—Este supuesto hombre tuyo—, dijo, —rico y afortunado, todavía teme perder su buena fortuna. Eso demuestra que él quiere sabiduría. ¿Podemos llamar a un hombre que quiere dinero necesitado, y no llamarlo así cuando quiere sabiduría?

Ante esta observación hubo una protesta general de admiración. Fue el mismo argumento, dijo Agustín, que había querido usar él mismo.

—Nada—, dijo Licentius, —podría haberse dicho más verdadera y divinamente. ¿Qué es, de hecho, más miserable que carecer de sabiduría? Y el sabio nunca puede ser necesitado, por cualquier otra cosa que le falte.

Agustín luego pasó a definir la sabiduría. —La sabiduría que nos hace felices—, dijo, —es la sabiduría de Dios, y la sabiduría de Dios es el Hijo de Dios. La vida perfecta es la única vida feliz—, continuó, —y para esto, por medio de la fe firme, la esperanza alegre y el amor ardiente seguramente seremos traídos si nos apresuramos hacia ello.

Entonces la discusión terminó, y todos estaban contentos.

—¡Oh! —exclamó Trigetius, —¡Cómo me gustaría que nos brindes una fiesta como esta todos los días!

—Moderación en todas las cosas—, respondió Agustín. —Si esto ha sido un placer para ti, es solo Dios a quien debes agradecer.

Así que los felices días inocentes pasaron volando en la búsqueda de esa sabiduría que es eterna. —¡Demasiado tarde te he amado, oh belleza siempre antigua, siempre nueva! —gritó Agustín. —He aquí, estabas dentro de mí, y yo estaba fuera, y allí te busqué. Te he probado y tengo hambre después de ti. Me has tocado, y yo estoy todo en llamas.

Al comienzo de la Cuaresma, Agustín y Alypius regresaron a Milán para asistir al curso de las instrucciones que San Ambrosio iba a dar a los que se estaban preparando para el bautismo.

En la noche entre el Sábado Santo y el Domingo de Pascua, las manchas del pasado fueron lavadas para siempre en esas aguas purificadoras, y en la Misa del amanecer en esa bendita mañana, Agustín se arrodilló ante el altar para recibir a su Señor. Mónica estaba a su lado; sus lágrimas y sus oraciones habían sido respondidas. Ella y su hijo fueron una vez más en corazón y alma.

CAPÍTULO XI

CÓMO SANTA MONICA SE MARCHA PARA ÁFRICA CON SAN AGUSTÍN, Y CÓMO MURIÓ EN OSTIA EN EL TIBER

En los viejos tiempos en Milán, antes de su conversión, Agustín solía decir a sus amigos que el sueño de su vida era vivir tranquilamente en algún lugar, con unos pocos amigos que se dedicarían a la búsqueda de la verdad. Incluso se había propuesto probar el plan, pero no funciono. Algunos de sus amigos estaban casados; otros tenían vínculos mundanos que no podían romper. La idea tuvo que ser abandonada.

Ahora había encontrado la Verdad, y en Cassiacum su sueño había sido realizado de una manera. ¿Por qué no continuarían viviendo así, le preguntó a Alypius, en todo caso, hasta que estuvieran listos para el trabajo al que Dios los había llamado? ¿Y dónde deberían vivir esta vida sino en su propio país, que sería el campo futuro de sus trabajos?

Alypius no preguntó nada mejor. Su amigo Evodius, como ellos mismos un ciudadano de Tagaste, que había sido bautizado poco tiempo antes, estaba listo para unirse a ellos. Ocupó un alto cargo en la Corte del Emperador, pero le pareció una cosa más noble servir al Rey de reyes. Entonces estos tres futuros obispos de la Iglesia en África hicieron sus planes juntos. Mónica sería la madre de la pequeña casa, como lo había sido en Cassiacum; ella estaba lista para ir a donde quisieran.

Unos días antes comenzaron un evento que todos recordaron más tarde. Era la fiesta de San Cipriano, y Mónica había regresado de la Misa absorta en Dios, como siempre lo había hecho después de la Sagrada Comunión. Tal vez había estado pensando esa noche de angustia en la pequeña capilla a la orilla del mar en Cartago tres años antes, cuando Dios había parecido sordo a sus oraciones, para que pudiera concederle la plenitud de los deseos a su corazón.

De repente, se volvió hacia ellos con los ojos brillantes.

—¡Avancemos al Cielo!—, gritó ella.

La interrogaron gentilmente sobre lo que quería decir, pero ella no pareció escucharlos. —Mi alma y mi carne se han regocijado en el Dios viviente—, dijo y se maravillaron de la belleza celestial de su rostro.

Fue un largo viaje desde Milán hasta Ostia en el Tíber, desde donde zarparon hacia África. Permanecieron allí durante algunas semanas, ya que el barco no podía comenzar de inmediato.

Una noche, Agustín y Mónica estaban sentados juntos en una ventana que daba al jardín y al mar. Hablaban del cielo, nos dice San Agustín, preguntándose unos a otros cuál debe ser la vida eterna de los santos, qué ojo no ha visto ni qué oído ha escuchado. Qué pequeños en comparación fueron las cosas de la tierra, decían, incluso las más bellas de la creación de Dios; porque todas estas cosas eran menos que aquel que las hizo. Cuando sus dos almas se extendieron juntas hacia el infinito amor y sabiduría, les pareció que por un momento, con un latido del corazón, lo tocaron, y la alegría de ese momento fue un presagio de la eternidad.

Suspiraron cuando se desvaneció de ellos, y se vieron obligados a regresar a las cosas de la tierra.

—Hijo—, dijo Mónica, —ahora no hay nada en este mundo que me deleite... ¿Qué más tengo que hacer aquí? No lo sé, pues todo lo que desee se me ha concedido. Había una sola cosa para la que deseaba vivir, y eso era verte cristiano y católico antes de morir. Y Dios me ha dado aún más de lo que pedí, porque te ha hecho uno de sus siervos, y ahora no deseas ninguna felicidad terrenal. ¿Qué estoy haciendo aquí?

Unos cinco días después cayó enferma de fiebre. Pensaron que estaba cansada por el largo viaje, y que pronto mejoraría, pero ella empeoró y pronto quedó inconsciente. Cuando abrió los ojos, Agustín y Navigius la estaban mirando junto a su cama.

—Enterrarás aquí a tu madre—, dijo Mónica. Agustín no podía confiar en sí mismo para hablar; pero Navigius, que sabía cuán grande había sido su deseo de ser enterrada en Tagaste junto a su marido, protestó:

—¡Oh, por qué no estamos en casa—, gritó, —¡donde desearías estar! Mónica lo miró con reproche.

—¿Oyes lo que dice? —le preguntó a Agustín. —Pon mi cuerpo en cualquier lugar, no importa. No dejes que eso te moleste. Esto solo te pido, que me recuerdes en el Altar de Dios donde sea que estés.

—Uno nunca está lejos de Dios—, le respondió a otra persona que le preguntó si no sería una tristeza por haber sido enterrada en una tierra tan lejos de casa.

No fueron solo sus hijos los que se afligieron, sino también los fieles amigos que estaban con ellos, porque ¿no era ella también su madre? ¿No les había cuidado tanto como si hubieran sido sus hijos?

Agustín apenas y se apartó de su lado, Mónica estaba contenta de tenerlo con ella. Cuando ella le agradeció un día por una pequeña cosa que él había hecho por ella, su labio tembló. Pensó que estaba pensando en todo el sufrimiento que él le había causado, y le sonrió con tierna mirada. —Siempre has sido un buen hijo para mí—, dijo. —Nunca he escuchado una palabra áspera o de reproche en tus labios.

—Mi vida se partió en dos—, dice Agustín. —Esa vida que estaba hecha de la mía y la de ella.

Todos estaban con ella cuando falleció pacíficamente unos días más tarde. Ellos ahogaron sus lágrimas. —No parecía ser suficiente—, dice Agustín —celebrar esa muerte con gemidos y lamentaciones. Estas cosas eran aptas para un lecho de muerte menos bendito, pero no para el de ella.

Luego, cuando se arrodillaron mirando el rostro amado que parecía sonreír ante un misterio invisible, Evodius tuvo una feliz inspiración. Tomando el Salterio, lo abrió en el Salmo 110.

—Te alabaré, oh Señor, con todo mi corazón—, cantó en voz baja, —en la asamblea de los justos y en la congregación.

—Grandes son las obras del Señor—, cantaban los demás, con voces temblorosas, —buscadas como son según todo su placer.

Amigos y religiosas que se habían reunido cerca de la casa para orar entraron y se unieron al canto. Fue la voz de regocijo más que el grito de dolor que siguió a esa alma pura en su camino al cielo. Agustín solo estaba en silencio, porque su corazón se estaba rompiendo.

Después de todo, somos humanos, y el sentimiento de su pérdida cayó sobre ellos más tarde. Esa noche, Agustín yacía pensando en la vida de su madre y en el amor desinteresado del que había estado tan lleno. —Tu sierva, tan piadosa hacia ti, tan cuidadosa y tierna con nosotros. Y dejo ir mis lágrimas—, nos dice —y les permitimos fluir tanto como quisieran. Lloré por ella, que durante tantos años ella lloró por mí.

La enterraron, como ella misma había predicho, en Ostia, donde sus reliquias sagradas fueron encontradas mil años más tarde por el Papa Martín V, y llevadas a la Iglesia de San Agustín en Roma.

El recuerdo de la madre a la que debía tanto se quedó con Agustín hasta el día de su muerte. Le encantaba hablar de ella.

Treinta años después, mientras predicaba a su gente en Hipona, dijo: —Los muertos no vuelven a nosotros. Si fuera así, ¡cuántas veces debería ver a mi santa madre a mi lado! —Ella me siguió por mar y aterrizó en países lejanos por no perderme para siempre. Dios no permita que ella sea menos amorosa ahora que es más bendecida. ¡Ah, no! ella vendría a ayudarme y consolarme, porque ella me amó más de lo que puedo ver.

Los muertos no vuelven. Pero, ¿quién de los que ha seguido la carrera del gran obispo y doctor de la Iglesia puede dudar de que quien oró por él tan fervientemente en la tierra haya dejado de orar por él en el cielo?

Fin de La vida de Santa Mónica,

por Francés Alice Forbes

Made in the USA
San Bernardino, CA
23 June 2019